世‧솅宗종御‧엉製‧졩訓‧훈民민正‧졍音흠

世‧솅宗종은 남금 이시니라 御‧엉製‧졩는 남금 지스샤미라 訓‧훈은 그르칠씨오 民민은 百‧빅姓‧셩이오 音흠은 소리니 訓‧훈民민正‧졍音흠은 百‧빅姓‧셩 그르치시논 正‧졍훈 소리라

國‧귁之징語‧엉音흠‧이 異‧잉乎홍中듕國‧귁‧ᄒ야

國‧귁은 나라히라 之징는 ‧입겨지라 語‧엉는 말ᄊᆞ미라

나‧랏:말ᄊᆞ‧미

異‧잉‧는 다ᄅᆞᆯ씨라 乎홍는 아‧모 그ᅌᅦ ‧ᄒ논 ‧겨체 ‧쓰는 字‧ᄍᆞᆼ‧ㅣ라 中듕國‧귁‧운

中듕國‧귁‧에 달‧아

듕‧귁‧은 皇황帝‧뎽 겨신 나‧라히‧니 우‧리

中듕國귁·에달·아
·與·영文문字·쫑·로不붏相샹流륳通통·홀·씨
·이런젼·ᄎᆞ·로어·린百·ᄇᆡᆨ姓·셩·이니르·고·져·홇·배이·셔·도
ᄆᆞᄎᆞᆷ:내제·ᄠᅳ·들시·러펴·디:몯홇·노·미하·니·라
·내·이·ᄅᆞᆯ爲·윙·ᄒᆞ·야:어엿·비너·겨
·새·로·스·믈여·듧字·ᄍᆞᆼᄅᆞᆯ·ᄆᆡᇰ·ᄀᆞ노·니
:사ᄅᆞᆷ:마·다:ᄒᆡ·ᅇᅧ:수·ᄫᅵ니·겨·날·로·ᄡᅮ·메便뼌安ᅙᅡᆫ·킈ᄒᆞ·고·져홇ᄯᆞᄅᆞ미니·라

우리말을 찾아라!
한글 사전을 만든 사람들

우리말을 찾아라!

1쇄 인쇄 2020년 9월 21일
1쇄 발행 2020년 10월 9일

지은이 최미소
그린이 한수언
펴낸이 이학수
펴낸곳 키큰도토리
편 집 김가영
디자인 박정화

출판등록 제 406-251002012000219호
주소 10881 경기도 파주시 회동길 455-2, 4층
전화 070-4233-0552
팩스 0505-370-0552

* 책값은 뒤표지에 있습니다.
* 잘못된 책은 구입처에서 교환하여 드립니다.
* 이 책은 저작권자와 계약에 따라 발행한 것이므로 본사의 허락 없이는
  어떠한 형태나 수단으로도 이 책의 내용을 이용하지 못합니다.

ⓒ 최미소 · 한수언, 2020
ISBN 978-89-98973-57-5 73910

이 도서의 국립중앙도서관 출판시도서목록(CIP)은 e-CIP 홈페이지
(http://www.nl.go.kr/ecip)에서
이용하실 수 있습니다.(CIP제어번호: CIP2020038869)

어린이제품안전특별법에 의해 제품표시

제조자명 키큰도토리	**전화번호** 070-4233-0552
제조국명 대한민국	**주소** 경기도 파주시 회동길 455-2, 4층
사용연령 만 9세 이상 어린이 제품	

일러두기
본문에 인용된 자료의 맞춤법과 띄어쓰기는 국립국어원의 《표준국어대사전》을 기준으로 했습니다.

우리말을 찾아라!

한글 사전을 만든 사람들

최미소 글 | 한수언 그림

차례

01
주 보따리 선생과 말모이 작전

한글이 낯선 사람들	10
주 보따리 선생과 제자들	15
작전명 말모이	22
여럿이 함께한 사전	30
역사 더 보기 주시경이 완성한 《말의 소리》	33

02
방방곡곡 방언을 모아라

사전이 필요한 이유	38
끝내 완성되지 못한 원고	43
사전을 위해 모인 사람들	47
다시 또 처음으로	53
단어를 모으는 수첩	56
시골말을 캡시다	62
역사 더 보기 《옥스퍼드 영어 사전》을 위한 호소문	70

03

감시와 고문을 이겨 낸 의지

어려운 단어와 쉬운 단어	74
심상치 않은 분위기	78
검열을 통과하다	83
반갑지 않은 방문객	87
잔혹한 흔적을 남기다	95
비극으로 끝난 원고	102
역사 더 보기 조선어 학회가 펴낸 잡지《한글》	106

04

한뜻으로 만든 우리말 사전

해방의 기쁜 날	112
잃어버린 원고를 찾아서	115
천 리 길도 한 걸음부터	123
사전을 만드는 사람들	126
조선말 큰사전의 탄생	130
역사 더 보기 한글날에 태어난《조선말 큰사전》	134

작가의 말 우리말 사전, 역사와 만나는 법	138
인물 찾아보기	142
참고한 자료	152
사진 출처	154

주 보따리 선생과
말모이 작전

국어사전을 만드는 일은 어려워. 많은 사람의 도움과 시간이 필요한 까다로운 작업이지.
　한반도에서는 세종 대왕이 훈민정음을 만들고도 한참 후에야 한글이 '국어'로 선포되었어. 게다가 일제 강점기 때문에 다른 나라들처럼 통일된 표기법이 마련되지 못했어. 제대로 된 국어사전 또한 없었지.
　대신 한반도에는 사전을 만들려는 사람들이 있었어. 그들은 국가가 하지 못하는 일을 나서서 하기로 마음먹었지. 한글이 익숙하지 않은 사람들이 더 편리하게 의사소통하려면 사전이 필요했거든.
　주시경과 동료들이 벌인 '말모이 작전'은 우리말 사전을 만들려는 첫 번째 시도였어.

한글이 낯선 사람들

　세종 대왕이 한글을 만들었지만, 조선에서는 한동안 한자를 많이 썼어. 한글이 공식적인 문자가 된 건 대한 제국* 시기였어.

　신분제, 낡은 제도나 악습을 없애고 사회를 바꾸자는 갑오개혁이 한창 진행 중이던 1895년 5월 8일이었지. 조선 땅에 고종의 이름으로 방이 하나 붙었어. 이제부터 국가의 공식적인 문서는 무조건 '한글'로 작성해야 한다는 내용이었지.

　방을 본 사람들은 웅성거렸어. 그럴 만했지. 당시만 해도 양반들은 상말을 적는 글자라고 한글을 낮잡아 봤거든. 그런데 하루아침에 모든 문서를 한글로 써야 하는 상황이 된 거야!

대한 제국
고종 34년(1897)에 조선에서 새로 정한 국호로, 1910년에 일본에 국권을 빼앗기면서 멸망했어.

고종은 왜 이런 명을 내린 걸까? 갑오개혁이 진행되는 동안, 양반같이 기존에 힘 좀 쓰던 사람들은 불만이 많았어. 이제까지 편히 살았는데, 갑오개혁 때문에 자기네들 힘이 줄어든다고 생각했지.

고종과 개화파*는 개혁을 계속 진행하고 싶었어. 그래서 양반보다 더 큰 세력을 자기 편으로 끌어들이기로 했어. 바로 수많은 평민이었지. 더 많은 사람이 개화를 지지한다면 양반들도 별말 못 할 거라고 생각한 거야.

한글로 공문서를 만들어 배포하면 누구나 쉽게 이해할 수 있어. 한글은 한자보다 훨씬 배우기 쉬워서 평민들도 많이 읽을 수 있으니까 말이야. 그럼 더 많은 사람에게 개화파가 진행하는 개혁 정책을 자연스레 알릴 수 있겠지.

사람들이 한글에 익숙해지기까지 시간이 걸렸지만, 이 결정은 한글이 비로소 '우리말'의 위치에 당당히 설 수 있는 계기가 되었지.

하지만 한글이 국어로 지정된 기간은 너무 짧았어. 조선 땅을 틈틈이 노리던 일본이 결국 1910년 8월 29일에 강제로 국권을 빼앗

개화파
김옥균, 박영효 등 당시에 개화를 주장한 이들을 말해. 이들은 고종 21년(1884)에 민씨 일파를 몰아내고, 혁신적인 정부를 세우기 위해 갑신정변을 일으켰지만 실패했어.

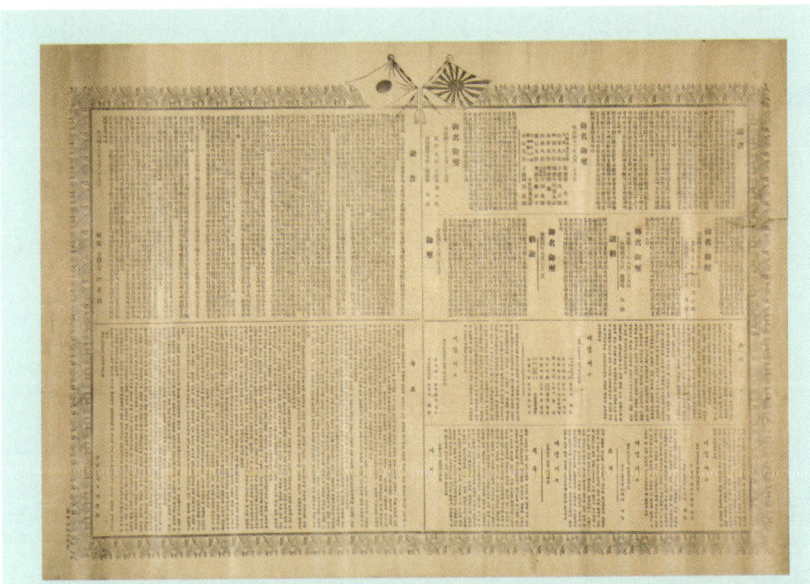

일본이 강제로 한일 병합 조약을 맺은 후 이를 홍보하기 위해 만든 공고문. 위는 국한문 혼용체, 아래는 한글로 인쇄되어 있다.

아 갔거든.

 일본은 단번에 한글을 폐지하지 않고, 천천히 단계를 밟아 갔어. 처음에는 학교에서 일본어와 같이 조선말을 배우도록 했어. 그러다가 조선말을 선택 과목으로 바꾸고, 결국에는 폐지할 계획이었어. 조선 사람들이 반발하지 못하게끔 하면서, 유일하게 남은 한민족의 증거를 서서히 빼앗으려 한 거지.

 일본의 계략에 맞서 많은 사람이 한글을 배우고 다른 이에게 가르치기 시작했어. 한글이 의사소통을 위한 도구에서 더 나아가 조국과 민족에 대한 사랑을 전하는 역할을 하게 된 거야.

그러면서 사람들 사이에는 사전이 필요하다는 의견이 생겼어. 한글이 하루아침에 국어가 된 후, 미처 기준을 정리할 새가 없었거든. 당시 사람들은 자신이 발음하는 소리를 바탕으로, 글로 옮겨 적었어.

예를 들어, 단어가 하나 있다고 해 보자. 이 단어는 '곡식이나 열매를 따서 담거나 한데 모으다.'라는 뜻이 있어. 뭘까? 바로 '거두다'야.

그런데 지금 우리와 달리, 글자를 적는 원칙이 없다면 어땠을까? 아마도 '거두다'라는 단어를 사람마다 다르게 적었을 거야. 어떤 이는 '거두다'라고 쓰고, 어떤 이는 '걷우다'라고 쓰겠지. 또 어떤 이는 'ㄱㅓㄷㅜㄷㅏ'라고 써도 상관없을 거야. 왜냐면 정해진 표기법이 따로 없으니까. 각자 입에서 나는 소리를 마음대로 적으면 되잖아.

엄청 편할 거 같다고? 글쎄, 오히려 불편했을 거야.

서로 다르게 적은 글자를 보고, 같은 말을 의미한다고 생각하기는 어려우니까 말이야. 사람들끼리 글자로 소통하기가 힘들었지.

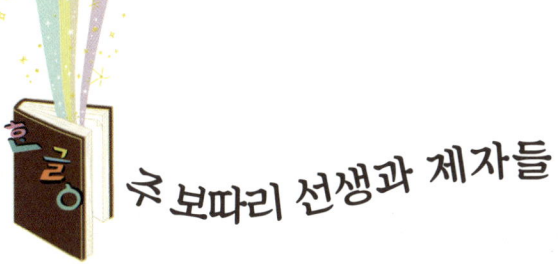

보따리 선생과 제자들

조선말 사전을 만드는 사람들도 이 문제를 알고 있었어. 그래서 사전을 만들기 전에 사회적으로 합의한 '말과 글의 표기법'부터 정해야겠다고 생각했지.

이런 상황을 일찍부터 깨달은 사람이 바로 주시경이었어. 스물한 살에 불과한 청년이었지만, 주시경은 사전을 만들기 위해 먼저 해야 할 작업을 정확히 알았어. 그래서 1897년 9월 25일, 〈독립신문〉에 이런 글을 실었지.

……불가불 국문으로 옥편을 만들어야 할지라. 옥편을 만들자면 각색 말의 글자들을 다 모으고 글자들마다 음을 분명

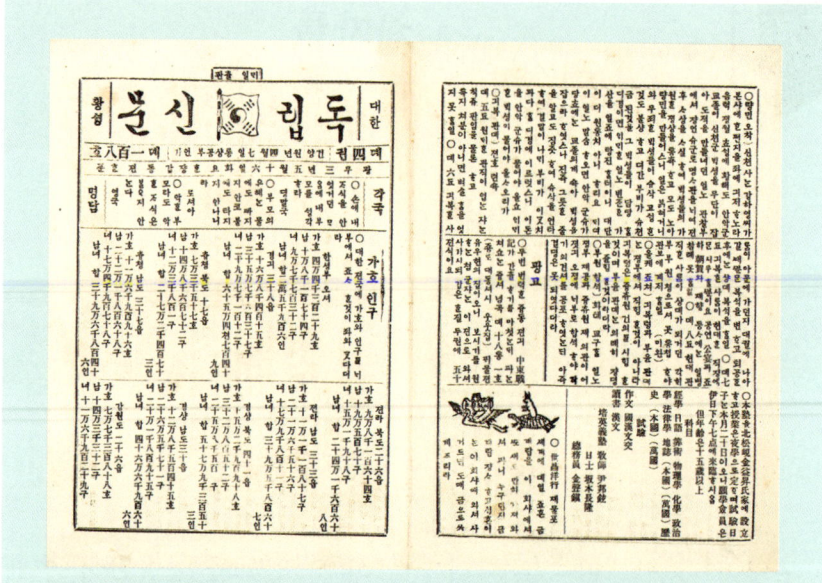

1896년 4월 7일에 창간된 〈독립신문〉은 최초의 한글 신문이었다. 사진은 1899년 5월 16일자 〈독립신문〉이다.

하게 표하여야 할 터인데 그 높고 낮은 음의 글자에 표를 각기 하자면, 음이 높은 글자는 점 하나를 치고 음이 낮은 글자에는 점을 치지 말고 점이 없는 것으로 표를 삼아 옥편을 꾸밀 것 같으면 누구든지 글을 짓거나 책을 보다가 무슨 말의 음이 분명치 못한 곳이 있는 때에는 옥편만 펴고 보면 환하게 알지라. ……

'옥편'은 한자를 일정한 순서로 배치해서 글자마다 음과 뜻을 풀이한 책이야. 지금으로 치면, 한자 사전인 셈이지. 당시에는 우리말 사전이 없었기 때문에, '사전'이라고 하면 옥편을 떠올렸지. 그러니까 여기서 주시경이 말한 '옥편'은 더 큰 의미인 '사전'을 가리킨다고 보면 돼.

주시경은 사전을 만들기 위해선 두 가지가 필요하다고 말했어. 먼저 '각색 말의 글자들을 다 모으고', '글자들마다 음을 분명하게 표하는' 일 말이야. 즉 사전에 실릴 말을 전국에서 모아, 그 말을 바탕으로 한글 표기법을 정해야 한다고 생각한 거야.

그리고 그 작업을 하기 위해 꼭 필요한 게 뭔지도 잘 알았지. 바로 조선말을 쓰는 사람들이었어. 아무리 국어학자들이 조선말을 열심히 연구하고, 표기법을 만들어도 사람들이 쓰지 않으면 소용없을 거야. 사전도 종이 쪼가리에 불과할 거고.

그래서 주시경은 조선말을 연구하는 한편, 학생들에게 조선말을 가르치는 데도 정성을 다했어. 학생들이야말로 미래의 조선말과 글을 쓸 주역이니까 말이야.

주시경은 당시 웬만한 학교에 모두 강의를 하러 다녔어. 중앙, 휘문, 배재, 경신, 보성, 오성 등 바쁜 만큼 학생들에게 인기 있는 교사였지. 학생들은 그런 주시경을 두고 '주 보따리'라고 불렀어. 책보자기에 책을 싸서, 이 학교 저 학교로 이동하는 모습 때문에 붙은 별명이었지.

7월의 무더운 여름날, 주시경이 학생들에게 지리를 가르치는 중이었어.

앞쪽에는 커다란 세계 지도가 하나 걸려 있었지. 그날은 세계 지리 중에서도 '몽골'을 배울 차례였어. 좁고 어두운 교실이었지만, 학생들은 촘촘히 앉아 귀를 기울였어.

"몽골고원은 이름 그대로 끝없이 펼쳐진 넓은 벌판이외다. 고비 사막이 있는 곳이지요."

너무 조용한 나머지, 교실에는 주시경의 목소리만 울렸어.

하지만 엄청난 학구열에도 눈꺼풀을 이길 순 없었어. 눈을 반짝이던 학생들이 하나둘 고개를 숙이기 시작했지. 더운 날씨에 다닥다닥 붙어 있던 탓이었어.

주시경의 목소리가 점점 자장가로 들리더니, 학생들이 꾸벅꾸벅 졸기 시작했어. 한두 명에서 시작된 졸음은 텁텁한 바람을 타고, 어느새 교실 전체로 퍼져 나갔지.

보다 못한 주시경이 교편으로 지도를 두드렸어.

깜짝 놀란 학생들은 눈을 부릅떴지. 그래도 쫓지 못한 졸음이 눈에는 그득했어.

그 모습에 주시경은 웃으며 말했지.

"여기가 고비 사막이외다."

교편으로 가리킨 지역을 두고 말했어.

"날이 더운 데다가 길이 멀기도 멉니다. 상인들이 낙타를 몰고 지나는 중이외다. 가도 가도 끝이 없지요. 결국 상인은 주저앉아 목을 놓아 울고 말았습니다. 그래서 이 지역을 '울가(Urga)'라고 했지요."

주시경의 우스갯소리에 학생들은 와하하 웃고 말았어. 울가(우르가)는 몽골에 있는 도시 이름이었어. 지역의 특징을 버무린 농담 덕분에, 학생들 머릿속에 우르가 하나만큼은 확실히 자리 잡았어. 졸음은 어느새 사라진 뒤였지.

이처럼 주시경은 지리와 역사를 가르치기도 했지만, 가장 공을 들인 건 역시 조선어 과목이었어. 항상 문법에 대한 학설을 학생들에게 알기 쉽게 설명하려 애썼지.

당시 주시경의 조선어 수업을 들은 학생 중에 최현배, 신명균,

제1회 보성중학교 졸업 사진. 맨 앞줄에 앉은 주시경(왼쪽 흰옷)과 손병희(가운데) 등을 볼 수 있다(1910년 4월 4일).

이병기 등은 훗날 조선말 사전을 만드는 데 중요한 역할을 하게 돼. 주시경의 노력이 결국 열매를 맺었던 셈이야.

작전명 말모이

1910년, 주시경은 드디어 조선말 사전을 만들기 위한 밑 작업에 들어갔어. 함께 사전을 만들 동료들을 모으기 시작했지.

주시경은 뜻이 맞는 동료들과 '조선어 사전 편찬부'를 만들자마자 계획을 세워. 전국에서 사람들이 쓰는 말을 모아 사전을 만들고자 했지.

물론 신중히 진행해야 했어. 조선 총독부*도 조선말 사전을 만드는 중이었거든. 그 사전은 조선말과 일본말 뜻풀이가 함께 들어간 형태였어.* 일본 사람들이 조선을 더 쉽게 지배하려면 우선 말이 통해야 하잖아. 조

조선 총독부
1910년부터 1945년까지 일본이 조선을 지배하기 위해 설치한 행정 관청을 말해요.

조선어사전
식민지 정책의 일환으로서, 조선 총독부가 1911년부터 착수해 1920년에 《조선어사전》을 발행했어요.

선 총독부는 식민지 정책을 수월히 펼치기 위한 도구로 사전을 만든 거지.

주시경과 동료들은 일본의 감시를 피하려고 몰래 일을 진행하기로 해. 이렇게 '말모이 작전'이 시작된 거야!

선선한 오후, 개울 옆 빨래터에서 오늘도 수다가 시작됐어. 훤한 대낮이건만 바람이 시원해서 딱 수다 떨기 좋은 날이었지.

멀리서부터 아랫집 순이 어멈이 크게 웃는 소리가 들려왔어.

"순천댁, 이제 오우?"

빨래 바구니를 끼고 온 여인을 보자마자 순이 어멈이 알은체했어.

"오늘은 일찍 오셨네요?"

"아유, 말도 마. 순이 고것이 아침부터 얼마나 까불질을 하는지……."

"성님두 맨날 순이 땜시 고생이유."

순이 어멈의 천적인 민기 어멈이 그 순간을 놓칠 리 없었지.

"그래서 형님이 냉큼 빨래터로 도망왔나 보우?"

민기 어멈이 던진 한마디에 빨래터가 까르르 뒤집혔어.

순이 어멈은 아무런 대꾸 없이, 빨랫방망이만 세차게 두드렸어. 방망이 소리가 심상치 않았지. 순천댁이 슬쩍 눈치를 보더니, 얼른 순이 어멈을 거들었어.

"그래도 순이가 감치기는 곧잘 하지요?"

"그럼!"

순천댁 말에 순이 어멈은 금세 웃음을 되찾았어. 주변에서도 언제 그랬냐는 듯 순이 편을 들기 시작했지.

"고게 까불어져 그렇지 아주 깜깜한 년은 아냐."

"원체 순이가 다구지지.*"

"하긴. 민기네 비하면 형님 고생은 아무것도 아니라니까."

오가는 말소리에 민기 어멈의 얼굴이 시뻘게졌어. 되로 주고 말로 받는 상황이 된 셈이었지.

민기 어멈의 빨랫방망이 소리가 다시 커졌어.

방망이 소리가 경쾌하게 울려 퍼지는 빨래터 한쪽에 여학생 하나가 쪼그리고 앉아 있었어.

손으로 발을 통통 두드리며 무언가를 열심히 받아 적었지. 꽤 오래전부터 앉아 있었는지 발이 저린 모양이었어. 잠시 꼼지락대

다구지다
'다부지다'의 경남, 전남 지역 방언이에요. '일을 해내는 솜씨가 야무지다'는 뜻이지요.

는가 싶더니, 다시 말소리가 들리자 여학생은 얼른 수첩을 펼쳐 들었어.

눈치 빠른 전주댁이 이번에는 민기 어멈에게서 얼른 말꼬리를 돌렸어.

"워매매, 근디 강굴은 어떻게 먹능겨?"

"아, 고거 먹을 줄 모르는구만?"

덕분에 자칭 요리라면 안 빠진다는 민기 어멈의 얼굴에도 다시 웃음꽃이 피었어.

빨래를 두드리며 자식, 남편, 시댁부터 시작해 음식, 돈 얘기까지 두루두루 수다가 한판 벌어졌어. 그리고도 다들 내일 보자는 인사를 건네며, 각자 빨랫대야를 낀 채로 헤어졌지.

어느덧 텅 빈 빨래터에는 여학생 하나만 남아 있었어.

친구 둘이 두리번거리다 그 여학생을 발견하고 말을 걸었어.

"얘, 여기서 뭐 하니? 남 사는 얘기를 엿들은 거야?"

"취미가 괴상하기도 하지!"

친구들이 짓궂은 표정으로 여학생을 놀렸어.

"어쩔 수 없잖아. 그래도 말은 여럿 건졌다고."

여학생이 배시시 웃는 모습에 다 같이 까르르 웃었어.

"그래, 진이 넌 몇 개나 모았니?"

"원고지 열 장은 꽉 채울 정도, 넌?"

"아, 내일은 나도 진이 따라 시장으로 가야겠다. 난 공쳤어. 너무 늦게 갔나 봐."

진이라 불린 학생은 시장에, 다른 친구는 옆 동네 빨래터에 다녀온 모양이었어.

여학생들은 서로 수첩을 바꿔 가며 읽었어. 수첩에는 빨래터에서, 시장에서 사람들이 쓴 말들이 적혀 있었지.

까붐질, 감치기, 까불다, 깜깜, 강굴……

여학생들은 모은 말 중에 서로 겹치는 말을 가려냈어. 그리고 추린 말과 뜻풀이를 원고지에 적어 나갔지.

감치기: 옷의 가를 실올이 풀리지 않게 감아 꿰매는 바느질.
깜깜: 어떤 사실을 아주 모르는 모양.

여학생들은 그렇게 모은 말들을 원고지 카드에 정성껏 담아,

조선어 사전 편찬부 사무실로 부쳤어.

　주시경과 동료들이 말모이 작전을 비밀리에 진행했지만, 이처럼 여러 지역의 학생과 교사 들이 알음알음 힘을 보탰어. 여학생들처럼 고등 보통학교에 다니는 학생뿐 아니라 보통학교에 다니는 어린 학생들까지 원고지 카드를 보내왔지.

　이들은 도시와 농촌을 가리지 않고, 사람들이 일상에서 쓰는 말을 채집해 보냈어. 원고지 카드가 사전 편찬부 사무실에 넘칠 정도였지.

여럿이 함께한 사전

주시경과 동료들은 사람들이 보낸 원고지 카드를 꼼꼼히 읽었어. 카드에 적힌 여러 지역의 사투리를 비교하면서 같은 뜻의 단어를 분류하기 위해서였지.

'고춧가루 등을 넣어서 만든 붉은 빛깔의 매운 장'을 두고도 지역마다 이것을 가리키는 말이 달랐거든.

예를 들면, 어떤 지역에서는 '고추장'이라고 하지만, 평안북도에서는 '댕가지장'이라고 했어.

이럴 경우에 사전 편찬부는 '고추장'과 '댕가지장' 모두를 사전에 표제어*로 넣었어. 전국에 사는 사람들이 읽고 쓸 수 있는 사전

표제어
사전, 장부 따위에 실린 내용을 찾기 편하게 만든 항목으로, '올림말'이라고도 해요. 표제어를 알기 쉽게 풀이한 책이 바로 '사전'이에요.

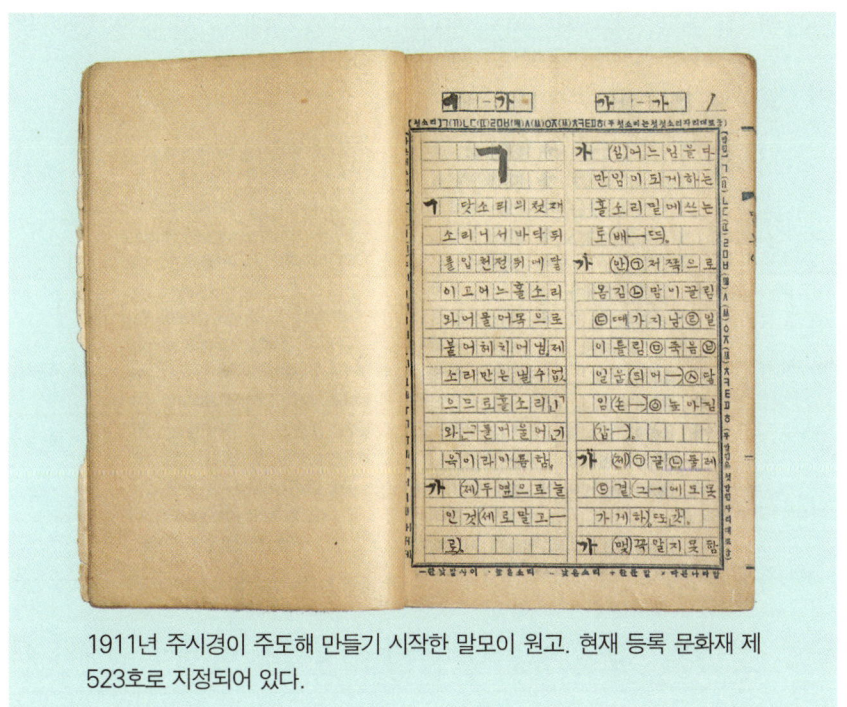

1911년 주시경이 주도해 만들기 시작한 말모이 원고. 현재 등록 문화재 제 523호로 지정되어 있다.

을 만들기 위해서였지.

다만 뜻풀이는 가장 많이 쓰이는 '고추장'에만 실었어.

　고추장: 고춧가루 등을 넣어서 만든 붉은 빛깔의 매운 장.
　댕가지장: 고추장의 방언(평북).

이런 식으로 말이야. 이렇게 원고지 카드에서 분류한 단어들이 어느새 잔뜩 쌓였어.

주시경은 이 단어들을 정갈한 붓글씨로 하나하나 적어 내려갔어. 청색 원고지에는 글자가 빼곡히 들어찼어.

마침내 240자 원고지로 총 231장이 완성되었어. 'ㄱ'부터 시작해서 가나다순으로 나열된 표제어는 1,400여 개였지. 각지에 흩어진 봉사자들의 도움과 조선어 사전 편찬부 사람들의 노력 덕분에 완성된 원고였지.

하지만 거의 마무리된 원고는 끝내 사전으로 만들어지지는 못했어. 1914년 7월 27일, 이 계획을 이끌던 주시경이 갑자기 세상을 떠났거든. 몹시 가난하게 지내면서도 말모이 사전 작업에만 몰두하느라 건강이 약해진 탓이었지.

대표를 잃은 조선어 사전 편찬부는 실의에 빠졌어. 동료들이 몇 년 동안 사전을 만들려고 애썼지만, 조선 총독부가 먼저 사전을 내면서 끝내 무산되고 말았지.

생전에 주시경이 맡긴 원고는 인쇄소에 덩그러니 남아 있었어. 여러 사람의 소망이 담긴 원고는 결국 사전으로 발간되지 못한 채 한동안 잊힌 듯했어.

주시경이 완성한 《말의 소리》

1910년대까지도 한글이 '국어'로 자리 잡기 전이라 국어학 분야에 부족한 부분이 많았어요. 다행히 한반도에는 열정적인 국어학자 주시경이 있었지요.

주시경은 1876년에 태어나 서당에서 한문으로 처음 글을 배웠어요. 후에 신학문을 배우고, 1896년에는 〈독립신문〉에서 사무를 보기도 했어요. 1910년대에는 여러 학교를 오가며 학생들을 가르쳤지요.

하지만 주시경은 무엇보다 한글 연구에 관심이 깊었어요. 호를 순우리말인 '한힌샘'으로 지을 정도였지요. 게다가 세종 대왕이 만든 훈민정음을 '한글'로 이름 붙이고, 여러 사람이 편히 쓰는 언어로 만들기 위해 노력했어요.

그래서 뜻이 맞는 동료들과 함께 국문 연구소를 만들어 한글을 연구했어요. 이때 연구한 자료를 바탕으로 《국문문법》(1905), 《국어문법》(1910), 《말의 소리》(1914) 등 여러 책이 세상에 나왔지요.

이런 연구 덕분에 한글을 한자처럼 띄어쓰기 없이 세로로 쓰던 방식에서 가로로 쓰고 띄어쓰기를 하는 방식으로 바꿀 수 있었어요. 가로로 쓰고 띄어쓰기를 하면서 사람들은 한글로 쓴 문장을 더

빠르고, 효율적으로 읽을 수 있었지요.

지금 우리에겐 아주 유명한 국어학자이지만, 주시경이 처음부터 인정받는 국어학자였던 건 아니에요. 부족한 부분은 시간을 들여 연구하면서 점점 발전해 나갔지요. 주시경이 주장하는 내용은 책이 나오면서 끊임없이 확장되고 발전했어요. 모두 한글을 향한 열정 덕분이었죠.

그중《말의 소리》는 주시경이 마지막으로 쓴 책이에요. 특히 한글이 어떻게 소리 나는지, 단어는 어떻게 분류하면 좋을지를 자세히 정리했어요. 또 뜻을 가진 가장 작은 단위까지 말을 쪼개서 단어뿐 아니라 문장이 어떻게 이루어지는지도 살폈지요.

이 책을 쓸 당시에 주시경은 '말모이 원고'에 참여 중이었어요. 아마도 사전을 만드는 일이《말의 소리》에도 영향을 줬으리라 짐작돼요. 사전에 올리기 위해 단어를 배열하고, 선택하고, 분류하는 일을 자주 하다 보니 국어학 이론에도 자연히 스며든 것이지요.

이런 시도는 서양에서 언어학이 자리 잡은 시기보다도 수십 년은 앞선 것이었어요. 주시경은 이미 그 당시에 언어학의 체계를 훌륭하게 완성한 거예요.

덕분에《말의 소리》는 주시경을 국어학에 없어선 안 될 존재로 만들었어요. 지금 우리가 배우는 국어 문법도 대부분《말의 소리》의 영향을 받았다고 보면 돼요.

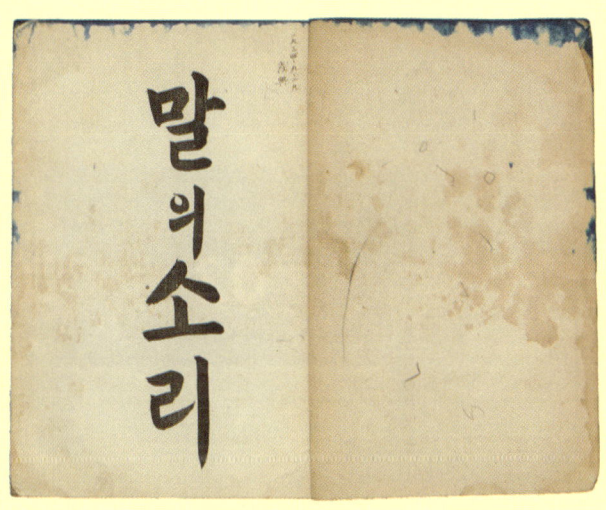

《말의 소리》는 주시경이 저술한 국어 문법서이다.

《조선어문법》은 1946년에 출간된 주시경의 유고집이다. 찢어진 표지 뒤로 주시경이 쓴 글을 모아 놓은 목차가 보인다.

방방곡곡
방언을 모아라

일본의 감시와 압박이 전보다 심해졌지만, 사람들은 굴하지 않았어. 오히려 우리말과 우리글을 가르치는 독립운동도 더 활발해졌지. 그래서 말모이 작전 때보다 많은 사람들이 조선어 사전이 꼭 필요하다고 생각하게 되었어.

덕분에 1931년부터 조선어 학회가 사전 편찬 작업을 새로이 시작할 수 있었어. 조선어 학회는 우선 사전을 만드는 데 사람들의 관심을 끌어내기 위해 뭔가를 계획했어.

바로 '시골말 캐기 운동'이었지. 사람들에게 조선어 학회가 마련한 수첩에 자기가 사는 지역에서 쓰는 말을 적어서 보내 달라고 한 거야.

사람들은 즉시 열렬한 관심을 보이며 한 글자씩 눌러쓴 '시골말'을 사전 편찬실로 보냈어. 여러 사람의 관심이 일궈 낸 시골말 캐기 운동이 어떻게 전개되었는지 더 자세히 알아볼까?

사전이 필요한 이유

조선어 학회가 사전을 만드는 과정에서 절대 빼놓을 수 없는 사람이 있어. 국어학자인 이극로야.

1910년 조선이 일본에 국권을 빼앗기자, 일제의 눈을 피해 만주 땅으로 넘어간 여느 사람들처럼, 이극로 또한 조선의 독립운동을 하기로 마음먹었어.

당시 이극로는 경상남도 의령에 살고 있었어. 이제 열아홉이 된 앳된 소년이었지. 그런데도 만주로 건너가기 위해 서간도로 먼 길을 떠났어.

가는 도중에 이극로는 평안북도 창성 땅에서 잠깐 쉬기로 했어. 다음 날, 신세 지게 된 집주인에게 부탁해 아침상을 받았지.

상에는 소박하지만, 밥과 반찬이 정갈하게 올라 있었어.

그런데 이극로가 밥을 한술 뜨려고 보니, 상에 고추장이 없는 거야. 이극로는 집주인에게 슬쩍 물었지.

"저…… 어르신, 혹시 고추장은 없습니까?"

"고추장? 그기 뭐꼬마?"

몇 마디 말을 주고받았지만, 집주인은 전혀 모르겠다는 눈치였어.

"고추로 만든 매운 장 말입니다."

집주인이 계속 알아듣지 못하자 이극로는 손짓, 발짓까지 해 가며 설명했어. 집주인은 이극로를 바라보다가 번뜩 떠오른 듯 입을 뗐어.

"오라, 댕가지장 말임둥?"

낯선 단어에 이극로는 난처한 표정을 지었어. 그사이 집주인이 종지를 들고 나왔지. 이극로가 그토록 바라던 고추장이었어. 이극로가 '고추장'이라 부르는 음식을 평안북도 지역에서는 '댕가지장'이라 불렀던 거야.

드디어 고추장이 상에 올랐지만, 이극로는 고생해 얻은 장을 앞에 두고 딴생각에 빠져들었어. 조금 전 상황에 큰 충격을 받은 탓이었지.

"이 지역 사람이 아니면 댕가지장을 못 알아듣겠지? 한겨레인데도 말이 안 통하다니……."

이극로는 이제껏 의식하지 못한 사실을 깨달았어.

'고추장이든 댕가지장이든 표준으로 쓰는 단어를 정해야 나

같은 일이 안 생기겠지. 단어의 기준이 필요해.'

이극로는 눈이 번쩍 뜨였어. 지금보다 말과 글을 편히 쓰려면 '조선말 사전'이 필요하다는 사실을 깨달은 거야.

이극로는 서간도에 도착해 독립운동을 할 때도, 일제의 감시를 피해 독일의 베를린 대학교에 다닐 때도 이때의 깨달음을 잊지 않았어.

열아홉, 서간도로 향했던 겁 없는 청년은 어느새 서른여섯의 나이가 되었지. 결국 이극로는 품은 뜻을 펼치기 위해 조국으로 돌아갈 결심을 해.

이극로는 유학 간 곳에서 미국 뉴욕을 거쳐 샌프란시스코, 필라델피아, 하와이까지 둘러 가는 길을 택했어. 두세 달이 걸리는 긴 여정이었지만, 곳곳에서 독립을 위해 애쓰는 사람들을 만날 수 있었지.

이극로가 뉴욕에 도착했을 때, 장덕수가 사람들과 마중을 나와 있었어. 장덕수는 〈동아일보〉의 주필로 일하다가, 몇 년 전에 미국으로 유학을 온 상황이었어.

"여기 머무는 동안 내가 경비를 댈 터이니, 편히 지내다 가십시오. 더 오래 지내도 좋고요."

"감사한 말씀입니다만, 조국에 돌아가서 해야 할 일이 있습니다."

"그렇군요. 이 군은 장차 귀국하면 무엇을 하렵니까?"

갑작스러운 질문이었지만, 이극로는 망설이지 않고 답했어.

"음, 코리언 띡슌너리(한글 사전)를 만들 겁니다."

소년에서 중년으로 바뀐 얼굴은 세월을 감출 수 없었지만, 눈빛만큼은 비껴간 듯했어. 반짝이는 눈빛은 서간도를 향해 떠나던 그날과 다름없었지.

끝내 완성되지 못한 원고

아직 한반도에는 조선말 사전이 존재하지 않았어. 하지만 드러나지 않았을 뿐 사전 작업은 여전히 진행 중이었지. 조선어 사전 편찬회와 인연이 있던 최남선이 주도한 모임에서였어.

최남선과 정인보, 임규, 양건식, 변영로, 이윤재는 말모이 원고를 이어받아 사전 작업을 계속했어. 최남선이 역사·지리·종교 등에 관련된 말을 맡았고, 정인보는 한자어, 이윤재는 옛말을 맡아 썼지. 특히 이윤재는 한글에 관심이 많아 전부터 주시경의 책으로 혼자 공부해 온 이였어.

최남선, 이윤재 등 여러 사람이 말모이 원고를 받아 작업했지만, 다들 사전을 만든 경험이 없어서 작업이 더뎠어. 일을 맡아 지휘해 줄 사람이 필요했는데, 국내에선 찾을 수 없었지.

결국 고민 끝에 이윤재가 김두봉을 만나러 상하이까지 찾아갔어. 김두봉은 주시경의 제자로, 사전 집필에 큰 역할을 했어. 하지만 삼일 운동이 일어난 해, 상하이로 망명한 상황이었지.

김두봉에게 도움을 청하러 간 이윤재는 그가 상하이에서도 혼자 사전 작업을 이어 가고 있었다는 이야기를 들은 참이었어.

"혹시…… 사전은 어디까지 진행되었습니까?"

이윤재가 반색하며 묻자, 김두봉이 이윤재를 다락 쪽으로 이끌었어. 김두봉 손에는 먼지가 묻은 카드 뭉치가 들려 있었지.

"정리가 다 된 겁니까?"

김두봉이 손사래를 치며 답했어.

"그럼 무슨 걱정이겠습니까. 생활이 온전치 못하니 어디다가 벌려 놓을 수 없어서……."

김두봉은 상하이에서 독립운동 중이었어. 언제 일제가 들이닥칠지 몰라, 거주지가 분명치 않은 불안한 상황이었지.

"그동안은 그저 어휘를 모으고 해설하는 데만 집중했습니다."

이윤재가 원고를 보며 다시 물었어.

"그럼 얼마나 더 하시면 정리까지 끝나겠습니까?"

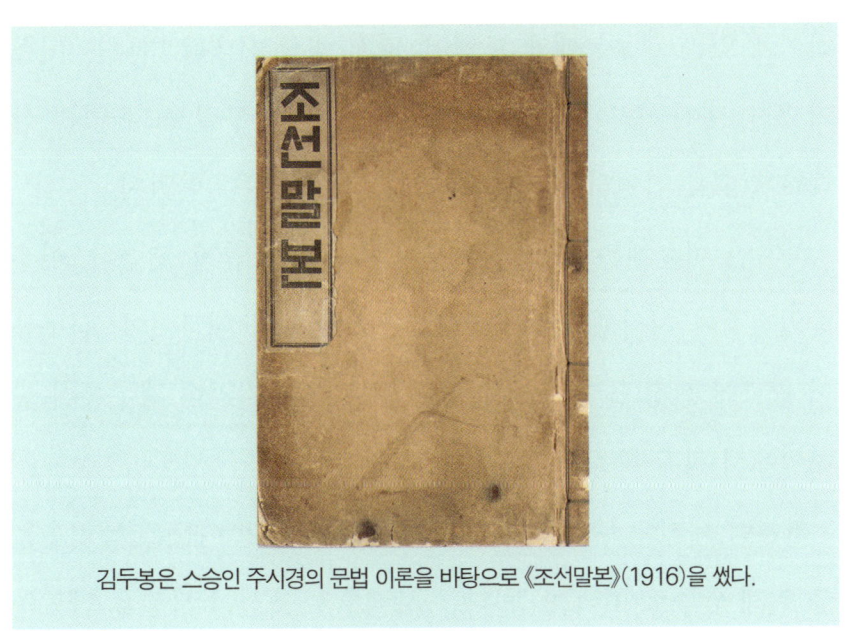
김두봉은 스승인 주시경의 문법 이론을 바탕으로 《조선말본》(1916)을 썼다.

"1년 정도. 그럼 대충이라도 정리될 것 같습니다."

"원고가 끝나면 어디서 출판하시려고요?"

"글쎄요. 어디든 출판하겠다고만 하면 맡기지요. 책만 나온다면야, 원고료는 상관없습니다."

과연 싱하이까지 찾아온 보람이 있었어. 김두봉이 말한 대로 원고만 완성된다면, 조선어 사전을 만드는 작업도 쉽게 풀리는 셈이었지.

경성으로 돌아온 이윤재는 출판사를 통해 융통한 200원을 상하이에 있는 김두봉에게 보냈어. 당시 경성 시내를 다니는 버스가 7전, 택시(4인 기준)가 1원이었어. 당장 사무실 하나 없는 상태로 원고를 집필하는 이윤재에게는 굉장히 큰돈이었지.

하지만 이윤재는 결국 김두봉에게 원고를 받지 못했어. 이후 중일전쟁이 시작됐고, 상하이 상황도 변했기 때문이야. 김두봉이 원고에 신경 쓸 겨를이 없었어. 경성에는 간간이 김두봉이 상하이에서 정치 활동을 한다는 소식만 들렸지.

이처럼 예전에 주시경과 함께 사전을 만들던 이들은 독립운동을 위해 만주로 떠나는 등 다른 사정으로 조선어 사전을 만드는 데 함께할 수 없었어.

사전을 위해 모인 사람들

 일제는 치안 유지법*을 이용해 조선의 언론, 출판이나 집회 활동을 완벽하게 통제했어. 조선 사람들을 마구 잡아들이기도 했지. 그러던 중 1929년, 전라남도 광주에서 학생 항일 운동이 일어났어. 이를 계기로 독립을 향한 열망은 더욱 커졌지.

 이런 분위기에서 사람들은 조선말과 조선글을 더욱 소중히 여겼어. 그리고 이를 담은 제대로 된 사전이 없다는 걸 안타까워했지.

 사람들이 점차 조선어 사전에 관심을 보이자, 학계에서도 움직임이 일었어. 사전을 만들자는 목소리가 다시 커지기 시작한 거

치안 유지법
1925년에 일제가 반체제 운동을 탄압하기 위해서 만든 법을 말해요.

47

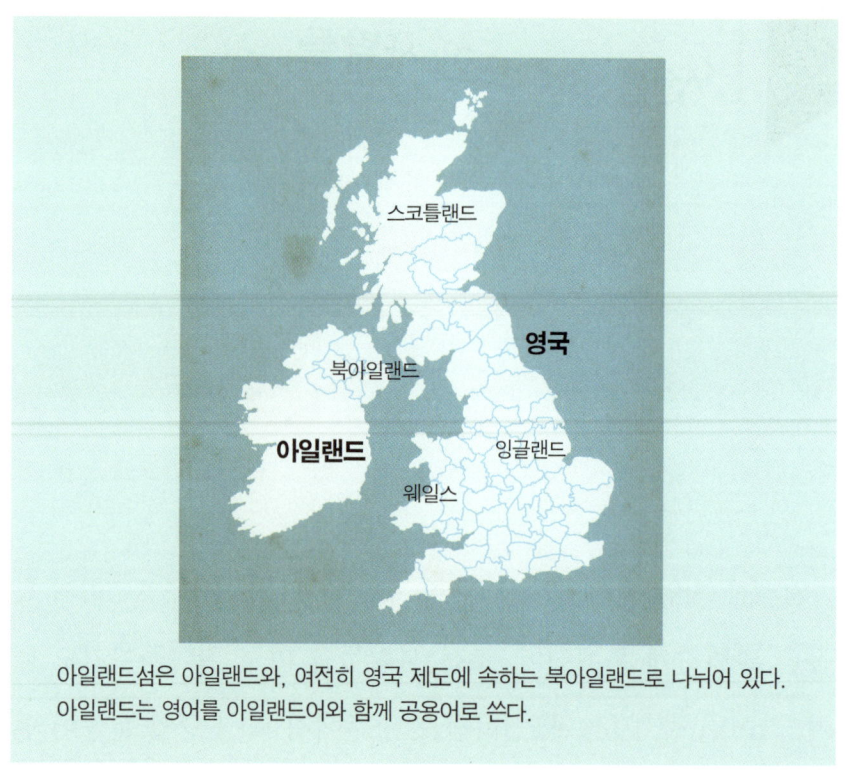

아일랜드섬은 아일랜드와, 여전히 영국 제도에 속하는 북아일랜드로 나뉘어 있다. 아일랜드는 영어를 아일랜드어와 함께 공용어로 쓴다.

야. 마침 조선어 사전을 만드는 데 관심 있던 이윤재와 이극로도 뜻을 보탰지.

사전을 편찬하려고 모인 사람 중에는 이극로처럼 유럽에서 공부한 이가 많았어. 그들은 유학 시절, 조선과 비슷한 처지에 놓인 아일랜드의 사례를 접했어.

아일랜드는 영국 정부가 1800년에 아일랜드 의회를 해산시키면서 영국의 식민지가 되었어. 그 후 아일랜드는 오랫동안 영국의 지배를 받는 상태였지. 수없이 많은 독립운동가가 죽고 다치는 과정을 거쳐, 드디어 1922년 아일랜드는 영국의 지배에서 벗어날 수 있었어.

하지만 아일랜드 사람들이 쓰는 언어인 겔릭어(Gaelic)는 영국의 지배를 쉽게 벗어날 수 없었어. 100년이 넘는 시간 동안 아일랜드 사람들은 영어를 썼거든. 모든 문학 활동도 영어로 할 수밖에 없었어.

힘든 시간을 견뎌내고 마침내 독립을 이뤘지만, 겔릭어는 이미 사라질 위기에 처해 있었어.

아일랜드의 도로에는 영어로 된 표지판만 있었고, 길가에 세운 간판도 온통 영어뿐이었어.

아일랜드를 방문한 조선 사람들은 이 광경을 보고 충격받았어. 조국의 미래를 보는 것 같았기 때문이지.

'일본으로부터 독립하더라도 우리말과 우리글을 잃는다면 무슨 소용일까.'

조선의 학자들은 조국에 돌아가면 반드시 조선어 사전을 만들겠다고 결심했어. 이극로뿐 아니라 여러 학자들이 우리말 연구에 힘을 쏟겠다고 결심한 계기가 됐지.

당시 한반도에는 글을 읽거나 쓸 줄 모르는 사람들이 많았어. 문맹을 없애기 위해 운동을 벌여야 한다는 사설이 신문에 실릴 정도였지.

> 우리의 현실을 보면 문자를 아는 사람이 최대한도로 계산해도 250만에 불과할지니 (여러 가지 통계로 종합 계산하여) 전 인구의 1할여에 불과하다.
> _"문맹 퇴치의 운동", 〈동아일보〉 1928년 3월 17일자

한반도 전체 인구의 90퍼센트가 한글을 제대로 읽고 쓸 줄 몰랐기 때문에 이극로 같은 학자들은 사람들이 한글을 쉽게 쓸 수 있도록 정리된 조선어 사전이 꼭 필요하다고 생각했지.

결국 우리말 사전을 향한 관심 덕분에 '조선어 사전 편찬회'가 탄생했어. 사회적 분위기를 보여 주듯, 관련 기사도 신문 1면에 크게 실렸지.

> 사회 각계 유지 망라, 조선어 사전 편찬회 결성, 한글 창제

1929년 11월 2일자 〈동아일보〉에 실린 사진. 조선어 사전 편찬회가 창립되는 장면을 담았다.

483년 기념일에 뜻깊은 우리말 사전 편찬회 창립, 한글 통일 운동에 매진.

_〈동아일보〉 1929년 11월 2일자

조선어 사전 편찬회에는 이극로, 이윤재 외에도 각 분야에서 유명한 사람들이 108명이나 모여들었어. 이들은 사전 편찬 사업의 후원자인 셈이었지. 또한 사전의 권위를 뒷받침해 줄 사람들이기도 했어.

하지만 안타깝게도 그 많은 사람 중에 사전을 체계적으로 만든 경험이 있는 이는 없었어. 다들 사전을 만드는 데는 보통 사람들이나 다름없었지. 심지어 한글 분야의 전문가도 아니었어.

주시경과 동료들이 정리한 말모이 원고를 참고하면 되지 않냐고? 하지만 말모이 원고를 만든 뒤로 시간이 많이 흘러서, 사람들이 쓰는 말 또한 그때와 많이 달라져 있었지.

원래 사전에 담기로 했던 단어들을 시대에 맞게 다시 정리해야 했어. 결국 말모이 원고가 완성되기 전으로 돌아가, 처음부터 일을 시작할 수밖에 없었지.

# 다시 또 처음으로

 사전을 만들기 위해 한자리에 모인 사람들 사이에서 갑론을박이 펼쳐졌어.

 "사전에 실릴 단어를 우선 뽑아야 하지 않을까요?"

 "그럼 각지에 사람을 보내, 말을 모으는 건 어떨까요?"

 열띤 분위기 속에서 의견이 오갔어. 회의가 흘러가는 대로 잠자코 듣던 이극로가 입을 열었지.

 "잠깐만요. 글자를 어떤 형태로 쓸 건지요?"

 "네? 어떤 형태로 쓰다니요?"

 "지금은 같은 단어도 소리 나는 대로 쓰니까, 사람마다 다르게 적지 않습니까?"

이극로는 종이를 꺼내더니 '먹어'라고 쓰고 아래에 '머거'라고 덧붙여 썼어.

"여기 계신 분 중에 어느 쪽이 맞는지 아는 분 있습니까?"

그리고 또 한 줄 덧붙였어. '까따'를 적은 후 아래에는 '깠다'라고 적었지.

"이건 어떻습니까? 이 둘은 같은 소리가 나지요. 달리 썼다고 해서 이 둘이 다른 겁니까?"

순식간에 회의장은 조용해졌어.

"사전에 말을 어떤 형태로 담을지 기준이 필요합니다."

회의장에 자리한 사람들은 그 말에 모두 고개를 끄덕일 수밖에 없었어.

하지만 표기 방식을 정리하고, 말을 모으는 일을 한꺼번에 할 순 없었어. 조선어 사전 편찬회의 규모에 비해 너무 벅찬 일이었거든.

결국 이듬해 12월, 조선어 학회를 만들어서 조선어 사전 편찬회와 역할을 나누기로 해. 말의 기준을 만드는 일은 조선어 학회가 맡기로 했어. 그리고 조선어 사전 편찬회가 사전에 실릴 말을 모으고 정리하기로 했지.

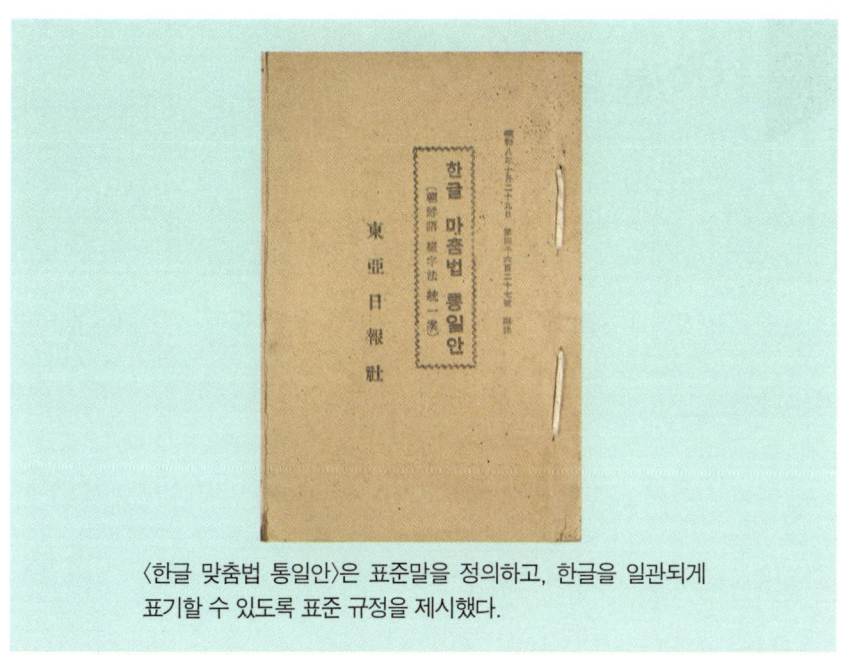

〈한글 맞춤법 통일안〉은 표준말을 정의하고, 한글을 일관되게 표기할 수 있도록 표준 규정을 제시했다.

진전이 없던 작업은 1933년 〈한글 맞춤법 통일안〉으로 결실을 보았어. 그리고 3년 뒤에 조선어 사전 편찬회는 자신들이 사전을 집필하기는 어렵다고 판단하고, 그 역할을 조선어 학회에 완전히 넘겼어.

# 단어를 모으는 수첩

"선생님, 신문 사시렵니까?"

누군가가 점잖아 보이는 중년 남자의 길을 막고, 은근히 물었어. 짚신을 신은 더벅머리 소년이었지. 기껏해야 나이가 열둘, 열셋 정도 돼 보였어.

"음, 잡지는 없나?"

"그럼 이건 어떠요?"

소년이 아랫배에서 슬쩍 책 하나를 꺼냈어. 표지에 '한글'이라고 적혀 있었지.

"싸게 드릴게요. 15전에!"

"15전? 원래 그 가격 아닌가?"

당황한 소년은 큼큼 헛기침했어. 하지만 곧 표정을 가다듬었어.

"대신 이것도 드릴게요. 선생님께 꼭 필요할 듯한디요."

소년이 비장한 표정으로 품에서 수첩을 하나 꺼냈어. 남자가 아무 말이 없자, 소년은 신나서 떠들기 시작했어.

"방언 조사 수첩 아시나요? 신문에도 광고하는 건데……."

아예 수첩을 남자의 눈앞에 살살 흔들면서 열변을 토했지. 정신을 쏙 빼놓으려는 듯 보였어.

소년을 말을 가만히 듣던 남자는 허허 웃었어.

남자의 품에서 소년이 든 것과 꼭 같은 수첩 하나가 나왔어. 어찌나 손때를 탔는지 너덜너덜해 보였지.

수첩을 마주한 소년은 그만 입이 딱 붙어 버렸어.

"이런, 이곳에서 동지를 만났구나."

"그러게 말이어요."

남자의 다정한 말에 소년도 얼굴을 붉히며 웃어 보였어.

'방언 조사 수첩'이라니, 이게 대체 뭘까? 사전에는 사람들이 일상에서 쓰는 말을 담아야 해. 한 지역이 아니라 여러 지역에서 쓰는 말 모두를 말이야. 그러려면 사전을 만드는 사람들이 사투

리를 조사하러 방방곡곡을 다녀야 하지. 하지만 조선어 학회 사람들은 그럴 여력이 없었어.

그래서 다른 방법을 생각해 냈어. 조선어 학회에서 발행하던 잡지 《한글》을 이용하기로 한 거야.

《한글》에 광고가 하나 실렸어. 사투리를 수집하기 위해 '방언 조사 수첩'을 만들었으니, 방학을 맞아 고향에 돌아가는 학생들이 이 수첩을 많이 이용해 주었으면 한다는 내용이었지.

사전에 가장 관심이 많았던 학생들에게 도움을 요청한 거야. 말모이 작전 때처럼 말이야.

이번에는 사전에 실릴 단어가 적힌 '방언 조사 수첩'이 사람들에게 전달되었지. 방언 조사 수첩은 사람들이 직접 사전을 만드는 작업에 참여할 기회를 마련해 줬어. 덕분에 학생뿐 아니라 다른 사람들도 사전을 향한 관심이 높아졌지.

곧 여러 지역에서 방언 조사 수첩을 활용한 '시골말 캐기' 운동이 시작됐어.

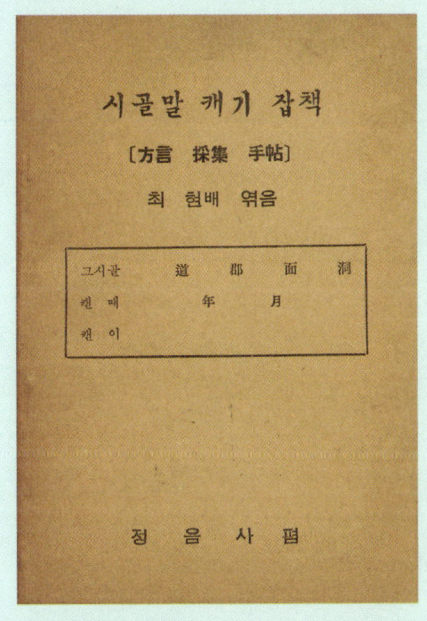

《시골말 캐기 잡책》은 방언을 수집하는 실제 방법을 보여 줬다.

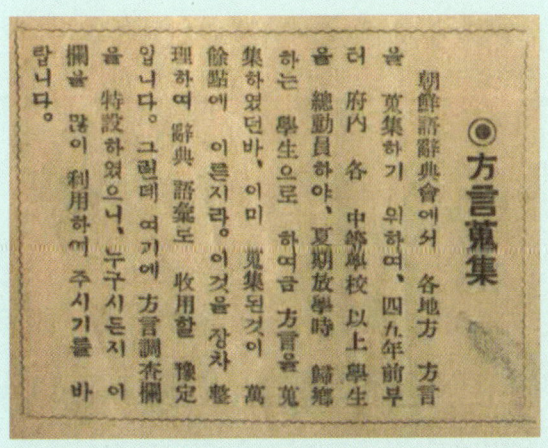

《한글》 제3권 제8호(1935년 10월호)에 실린 방언 모집을 위한 광고.

# 시골말을 캡시다

"암만해도 수상하꼬마!"

함경북도 길주군 성진시에 사는 사람들이 김여진을 두고 하는 말이었어.

사실 몇 주 전까지만 해도 김여진의 행동은 이상할 게 없었어. 아니, 오히려 건실하다고 칭찬이 자자한 사람이었지.

그러던 김여진이 얼마 전부터 수상쩍은 행동을 시작한 거야.

뭐가 그리 수상하냐고? 우선, 온종일 하는 일도 없이 마을 어귀를 어슬렁거렸어. 사람들은 괜히 김여진을 마주치기 싫어서 눈치를 보며 오갔지. 그래도 눈치 없는 몇몇은 걸리기 마련이었어.

아랫집 할아버지가 결국 김여진을 맞닥뜨렸어.

"자라이,* 어디 감둥?"

"배채 얻어보러. 뭐르 먹어 아이 보아 어립꼬마."

할아버지는 귀찮다는 듯 대꾸했어. 퉁명스레 답하는 모습이 하루 이틀 괴롭힌 게 아닌 모양이었지. 김여진은 그렇게 만나는 사람마다 뭔가를 꼬치꼬치 캐물었어.

"가매치라도 맨들아 드림둥?"

"무시기,* 후딱 다녀오꾸마."

그러고 나면 김여진은 늘 갖고 다니는 수첩에 뭔가를 썼어.

"음, 배채랑 또 뭐였더라?"

이번에도 역시 주머니에서 수첩을 꺼냈어. 혼자 중얼거리며 열심히 끄적거렸지. 흡사 적진에서 몰래 정보를 수집하는 첩자처럼 보였어.

그 행동이 얼마나 기이했던지 친구가 참다못해 김여진에게 물었어.

"늠마, 뭘 함둥?"

김여진은 친구를 향해 싱긋 웃더니, 말없이 수첩을 내밀었어.

수첩을 살펴본 친구는 눈이 휘둥그레졌어.

자라이
'어르신, 어른'을 뜻하는 함경도 지역의 방언이에요.

무시기
'뭐, 무엇'을 뜻하는 함경도 지역의 방언이에요.

거기에는 단어가 빼곡히 적혀 있었거든.

    배채: 배추.

    어립다: 어지럽다. 몸을 가눌 수 없을 지경으로 정신이 흐리다.

    가매치: 누룽지. 솥 바닥에 눌어붙은 밥.

심지어 '배채' 옆에는 그림도 조그맣게 그려져 있었어.

김여진은 자신이 사는 함경도 지역의 방언을 조사하는 중이었던 거야. 그래서 동네 사람이 눈에 보이면, 어르신부터 꼬맹이까지 가릴 것 없이 말을 걸었던 거지.

그리고 동네 사람들에게 얻은 소중한 정보를 수첩에 차곡차곡 정리했어. 혹시나 못 알아볼까 염려해서 친절하게 그림까지 덧붙이면서 말이야.

조사한 말들로 수첩이 가득 차지, 김여진은 편지를 한 통 썼어.

며칠 후, 편지는 경성 수표동에 있는 한 사무실에 도착했어. 잡지 《한글》을 만드는 곳이었지.

바닥을 쓸던 더벅머리 소년이 반짝이는 눈으로 발신인을 확인

했어.

"윤재 선생님, 이것 좀 보셔요. 이건 함경도에서도 온 거야요!"

"이놈아, 처음 온 편지도 아닌데 그렇게 좋으냐?"

한쪽에서 잡지를 편집하던 사람이 소년을 짓궂게 놀렸어.

"에이, 저번에는 평안도였고요. 이번에는 함경도잖아요!"

사무실 구석의 책상에는 방금 도착한 편지 말고도 이미 여러 통이 쌓여 있었어. 발신지는 강원도부터 경상도, 충청도, 평안도 지역까지 제각각이었지.

모두 다 시골말 캐기 운동에 참여한 사람들이 보낸 방언 수첩이었어.

《한글》은 우리말을 배우고자 하는 학생들, 조선어 교사들이 많이 읽었어. 덕분에 시골말 캐기 운동도 그들을 중심으로 퍼져 나갔어. 참여한 학교만 14곳이고, 합치면 총 500여 명에 달했지.

하지만 그게 끝이 아니었어. 교사들과 학생들이 시작한 운동은 지역 사람들에게도 퍼지기 시작했거든. 여러 지역에서 방언 조사 수첩을 들고 돌아다니는 사람들이 점점 늘어났어.

이런 분위기는 조선어 학회가 펼친 문맹 퇴치 운동의 덕이 컸어. 한글을 읽고 쓰지 못하는 사람들을 가르치기 위해 학생들이

〈동아일보〉에 실린 브나로드 운동(농촌 계몽 운동)의 홍보물이다(1932년 7월 9일자).

농촌 계몽 운동 당시, 이윤재가 쓴 《한글공부》(1933)는 한글을 가르치는 교재로 쓰였다.

자처해서 농촌으로 갔거든.

이전에는 한글을 제대로 읽고 쓸 줄 모르는 농촌 사람들이 많았지만, 이 운동이 활기를 띠면서 문맹률이 크게 줄었어. 그래서 한글에 대한 사람들의 관심도 커진 거야.

덕분에 《한글》 편집부에 여러 지역에서 채집한 사투리가 담긴 편지가 쏟아졌지.

그리고 며칠 후 《한글》에는 편지가 한 통 실렸어.

> 아래와 같이 이곳 방언을 규칙 없이 두어 말 적어드립니다.
> 조선어 사전 편집자에게 백분지 일이라도 도움이 된다면, 이 뒤에도 힘 있는 데까지 이어 적어드리려 합니다.

바로 김여진이 편집실로 보낸 편지가 《한글》에 실린 거야.

소중한 자료를 보내기 위해 얼마나 많은 사람이 시간과 노력을 들였을까?

편집부 사람들도 여러 지역에서 애쓰는 사람들의 고생을 잘 알았을 거야. 그렇기에 김여진이 보낸 편지 전문을 잡지에 함께 실은 거겠지?

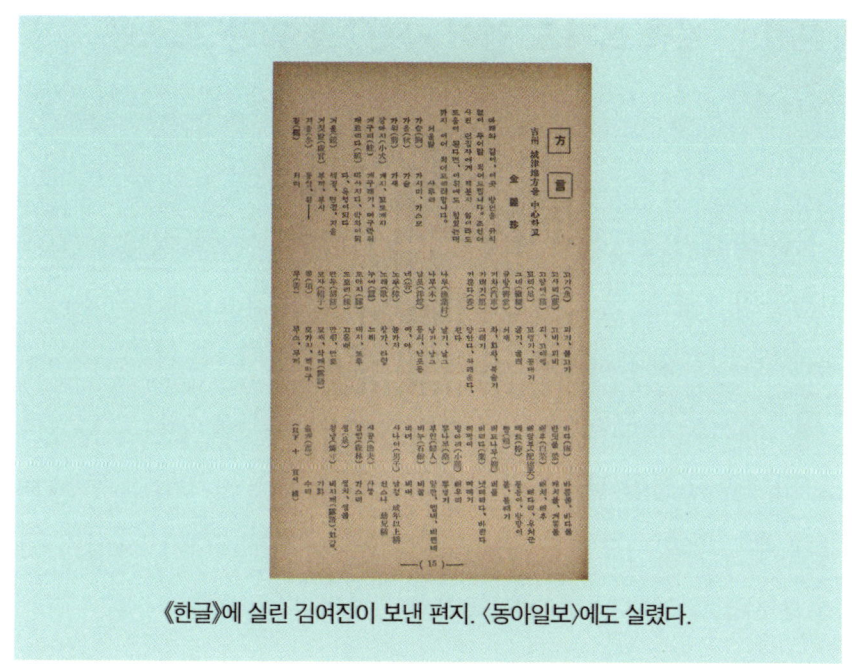
《한글》에 실린 김여진이 보낸 편지. 〈동아일보〉에도 실렸다.

한글에 애정을 지닌 몇 사람이 시작한 일은 점점 커졌어. 시간이 지날수록 열정을 가진 사람도 늘어났지.

그리고 이제 조선말 사전을 만드는 일은 누구도 꺾지 못할 만큼 커다랗게 자라 있었어.

《옥스퍼드 영어 사전》을 위한 호소문

시골말 캐기 운동처럼 영국에서도 일찍부터 사전을 만들기 위해 사람들의 도움을 받은 적이 있어요. 바로 1879년 4월에 뿌려진 4쪽짜리 '호소문'을 통해서였지요.

영국에서는 1861년부터 《옥스퍼드 영어 사전》을 만들고 있었어요. 하지만 조선어 사전과 마찬가지로, 사전 만드는 일을 한두 해로 끝낼 수는 없었지요. 큰 진척 없이 여러 해를 보내다가 '제임스 머리'가 사전 편찬부의 새로운 책임자로 오게 되었어요.

세 번째로 부임한 이 책임자는 이제까지 작업한 원고를 쭉 검토하고, 원고에서 부족한 부분을 짚어 냈어요. 바로 사전에 실릴 단어들에 들어가는 예문이 생각만큼 충분하지 않다는 점이었어요.

이전까지 사전 만드는 작업을 했던 편찬자와 자원봉사자들은 주로 특이한 단어의 예문을 찾는 경향이 있었어요. 그래서 일상적으로 쓰는 단어에는 예문이 턱없이 부족한 반면, 잘 쓰지 않는 단어의 예문은 50가지나 되는 경우도 있었지요.

제임스 머리는 일상적으로 쓰는 단어들의 예문을 얻기 위한 좋은 방법을 하나 생각해 냈어요. 편찬부에서 필요한 작업에 대한 구체적인 지침을 담은 호소문을 만들기로 한 거예요. 그리고 그 호소문을 인쇄해서 영어를 쓰는 지역(영국, 미국, 영국 식민지)에 있는 서점, 도서관, 신문사 등에 배포했지요.

이 호소문은 "영어를 읽고 쓰는 대중 여러분, 언어학회가 만드는 새로운 영어 사전을 위해 책을 읽고 예문을 찾아 주세요."라는 문장으로 시작되었어요. 기한은 3년이고, 1,000명 정도가 사전 편찬부에서 아직 손대지 못한 책에서 예문을 뽑아 주길 바란다는 내용이었어요. 다음 쪽에는 작업해야 할 책 목록이 나열되었고요.

반응은 폭발적이었어요. 처음에 2,000부를 인쇄했는데, 500부를 더 찍을 정도였어요. 호소문이 뿌려지자마자 1개월 만에 165명이 긍정적인 답장을 보냈고, 영어권 전 지역에서 800명이 넘는 사람들이 이 일에 참여하겠다는 의사를 밝혀 왔지요.

1년이 지나자 편찬부 작업실에는 사전에 실릴 예문 36만여 개가 도착했고, 또 1년 뒤에는 66만여 개까지 예문이 늘었어요. 사전 편찬부 사람들끼리 작업했더라면 어림없을 속도였지요.

게다가 사전을 만드는 작업에 참여한 이 많은 사람은 제임스 머리와 편찬원들이 완성할 《옥스퍼드 영어 사전》의 든든한 미래 독자이기도 했어요. 《옥스퍼드 영어 사전》 1권은 5년 후인 1884년에 출간되었고, 별다른 홍보 없이도 이미 독자 수백 명을 확보한 상태였지요.

시골말 캐기 운동 덕분에 사전 편찬실에는 종이 카드가 잔뜩 쌓였지만, 이게 끝이 아니었어. 모인 말들을 분류하는 단계가 남았거든. 사실 가장 중요한 작업이었지. 이 단어들을 어떤 기준으로 고르고 담을지에 따라 사전의 성격이 결정되니까 말이야.

편찬실 사람들은 섬세한 접근이 필요한 분류 작업을 꾸준히 해 나갔어. 하지만 일제가 태평양 전쟁을 일으키면서 탄압과 억압은 그 강도가 점점 더 심해졌지. 조선어 학회 사람들은 어떻게든 사전 원고를 끝맺으려 했지만, 일제의 감시를 피할 수는 없었어. 조선 사람 여럿이 꾸준히 모이는 상황이 눈에 거슬렸던 거지.

조용하던 사전 편찬실도 곧 시끄러워지기 시작했어. 결국 일제는 터무니없는 이유를 들어, '조선어 학회 사건'을 만들어 내. 그 사건은 사전밖에 모르던 조선어 학회 사람들에게 잊을 수 없는 상처를 남겼지.

# 어려운 단어와 쉬운 단어

　사전을 만드는 작업에는 말을 모으는 것 말고도 어려운 점이 있었어. 써야 할 원고 분량이 너무 많아서 한 사람이 모두 쓰기 어렵다는 사실이었지.

　분량을 나누는 건 당연했지만, 어떤 식으로 나눌지가 문제였어. 사람들 사이에 여러 의견이 오갔어.

　"가나다순으로 나누는 건 어떨까요?"

　사전에 실을 순서대로 나누자는 의견이었어. 한 사람이 기역을 맡고, 다른 사람이 니은을 맡는 식으로 말이야. 순서대로 나누면 나중에 단어 카드를 다시 정리할 필요가 없었지.

　하지만 중요한 어휘를 빠뜨릴 확률이 높았어.

사전 편찬실의 모습(1941).

"기초 어휘*부터 나눠서 쓰는 건 어떨까요?"

일상에서 흔히 쓰이는 '먹다', '입다', '읽다', '쓰다' 같은 말부터 뜻풀이 작업을 시작하자는 의견이었어. 언뜻 생각하면, 그럴 듯하지만 실은 그렇지 않아. 기초 어휘가 전문 어휘보다 뜻풀이하기가 훨씬 까다롭기 때문이지.

결국 논의가 벌어진 끝에 편찬원들은 결정을 내렸어.

"속담이랑 은어는 이용기 선생이 맡으시죠."

"알겠습니다."

기초 어휘
기본적인 의사소통에 꼭 필요한 최소한의 단어를 뜻해요.

"식물학은 어떻게 할까요?"

"제가 맡겠습니다."

"네, 그럼 식물학은 이덕봉 선생이 맡는 것으로 하지요."

한가운데 우뚝 선 남자가 손에 뭔가를 들고 말했어. 사전에 들어갈 분야가 적힌 목록이었지. 목록에 나열한 분야를 남자가 말하면, 누군가 나서는 식으로 결정됐어.

"종교와 관련된 어휘는 어찌할까요?"

"음, 어느 한쪽만 들어가면 안 되니까……. 불교는 송병기 선생이, 기독교는 강병주 선생이 맡아 주시죠."

"알겠습니다."

"네, 그러죠."

어찌 된 일인지 이들이 서로 나눠 쓰기로 한 것들은 모두 전문 용어였어. 특정 분야에서 쓰는 말은 기본 지식이 없으면 어려워. 그런데도 이들은 각자 전문 용어부터 맡아 집필하기 시작한 거야.

쉬운 단어를 두고, 듣기만 해도 어려운 단어부터 원고를 작성하다니 이상한 일이라고? 맞아, 그런데 사실 우리가 쉽다고 생각하는 단어들은 하나도 쉬운 단어가 아니야.

'먹다'를 예로 들어 볼까? 뜻풀이를 뭐라고 쓰면 좋을까? '밥을 먹다.'라고? 그럼 밥 말고 다른 음식에는 '먹다'를 못 쓰잖아.

그럼 '밥이나 먹을 것을 입에 넣어 없애다.'라고 쓰면? 이런, 이번엔 '나이를 먹는다.'는 표현은 어떻게 쓰지?

단어가 쉬우면 작업도 간단해 보이지만, 여러 형태로 활용될수록 뜻풀이를 하기가 어려워. 단어가 사용되는 모든 경우의 수를 포함하는 뜻풀이를 쓰려면 전혀 쉽지 않지.

이런 경우를 빼놓지 않고 작업하려면 사전을 만든 경험이 많아야 했어. 하지만 조선어 학회 사람들 중에는 사전을 전문적으로 만든 이가 없잖아? 작업을 진행하면서 요령을 터득해 나가는 상황이었지.

그래서 전문 용어부터 작업하기로 한 거야. 전문 분야는 관련된 자료만 잘 정리하면 뜻풀이를 할 수 있었거든. 또한 문법에 대한 지식이 없어도 쓸 수 있었지.

다 같이 분야를 나눠 쓰기에 이만큼 적절한 방법이 없었어. 결국 조선어 학회 사람들이 전문 용어부터 나눈 건, 사전 편찬에만 적용되는 요령을 잘 파악했기 때문이지.

심상치 않은 분위기

조선어 학회가 집필하는 '큰사전 원고'가 막바지에 다다를 무렵이었어. 종로의 계동에 위치한 편찬실에서는 심각한 이야기가 오갔어.

"이 선생, 요즘 분위기가 심상치 않습니다."

"그러게요. 일제의 눈총이 점점 심해지는군요."

"원고를 끝낼 때까지 별일 없어야 할 텐데……."

이극로와 이윤재, 최현배였어. 최현배는 이극로, 이윤재와 함께 조선어 사전 편찬 위원회에서 여러 역할을 했어. 주로 이극로와 이윤재가 원고 집필을 맡고, 최현배는 그 외의 일을 처리했지.

한옥 2층. 그것도 종이 카드만 수북하게 쌓인 공간에서 셋은 누가 들을세라 소곤소곤 대화를 이어 나갔어.

이극로는 조심스레 주위를 둘러보더니, 더 낮은 목소리로 말을 이었어.

"총독부 쪽에서 온 소식인데, 조만간 총동원령이 발표될 예정이랍니다."

"아니, 이 박사. 그게 무슨 소립니까? 법령을 만든단 말입니까?"

이윤재가 깜짝 놀라 물었어.

1938년 4월, 일제는 국가 총동원법을 만들었어. 중일전쟁에서 시작된 일제의 정복욕은 이후 태평양 전쟁*까지 번졌거든. 당시는 태평양 전쟁이 벌어지기 직전이었어. 전쟁을 준비하는 일제는 식민지였던 조선에서 여러 물자를 약탈해 갔지. 그러니까 총동원법은 더 쉽고 빠르게 우리 땅에서 일본 땅까지 물자를 가져가기 위해 만든 법이었어.

어찌나 지독하게 빼앗아 갔는지, 사람들은 민요 '신고산 타령'을 개사해서 이런 노래까지 부를 정도였어.

신고산이 우루루 화물차 가는 소리에
지원병 보낸 어머니 가슴만 쥐어뜯고요.

태평양 전쟁
제2차 세계 대전의 일부로서, 1941년부터 1945년까지 일본과 연합국이 벌인 전쟁을 말해요.

어랑어랑 어허야

양곡 배급 적어서 콩깻묵만 먹고 사누나.

신고산이 우루루 화물차 가는 소리에

정신대 보낸 어머니 딸이 가엾어 울고요.

어랑어랑 어허야

풀만 씹는 어미 소 배가 고파서 우누나.

신고산이 우루루 화물차 가는 소리에

금붙이 쇠붙이 밥그릇마저 모조리 긁어 갔고요.

어랑어랑 어허야

이름 석 자 잃고서 족보만 들고 우누나.

_화물차 가는 소리*

화물차 가는 소리
전쟁 물자를 화물차로 실어 나르고, 조선 사람을 지원병이나 정신대로 전쟁터에 내모는 처절한 상황이 고스란히 담겨 있어요.

일제는 전쟁 물품을 만들 수 있는 물자는 놋그릇이라도 몽땅 가져갔어. 1년 후에는 징용령까지 만들어, 조선 사람들을 강제로 전쟁터에 보냈어. 전쟁터에 나가지 않은 사람들은 노역해야 했지.

1929년 조선 총독부 청사 모습. 초창기 총독부 건물은 남산에 위치해 있었으나, 1926년 경복궁 내 완공된 새 건물로 이전했다.

이극로와 이윤재, 최현배는 할 말을 잃었어. '총동원법'이라는 말만으로도 앞으로 벌어질 끔찍한 상황이 그려졌기 때문이지.

"어린 학생들까지 싹 다 잡아들이겠다는 겁니다. 전쟁터로 내몰려는 수작이지요."

"이대로 잘못하면 검열도 못 받겠어요."

원고를 출판하기 위해서는 조선 총독부에 신고해 검열을 통과해야 했어. 완성된 원고가 있어도 검열을 통과하지 못하면 인쇄할 수 없었지.

하지만 이런 분위기라면, 검열에 통과한다고 해도 인쇄하지 못할 가능성이 컸어. 전부 전쟁 물자로 공출될 판이니 인쇄에 필요한 쇠붙이도, 종이도 통제될 게 분명했거든.

"힘들겠지만, 작업을 서둘러야겠습니다."

이극로의 말에 둘은 동의했어. 서둘러 작업해야 할 이유가 또 하나 생긴 거야.

검열을 통과하다

사전 원고가 검열을 통과하려면 시험 인쇄를 해야 했어.

검열에 걸린 단어는 끌 같은 연장으로 무슨 글자인지 알아볼 수 없게 인쇄판에서 깎아 내 버렸어. 그러면 긁힌 자국으로 인쇄되는 거지. 사전을 인쇄하려면 먼저 검열을 통과한 뒤, 인쇄에 들어가는 순서를 따를 수밖에 없었어.

"차라리 일부라도 먼저 인쇄하는 건 어떻습니까?"

최현배가 뜻밖의 제안을 했어.

"그럴 수만 있다면야……. 하지만 지금 상황에 가능하겠습니까?"

이극로는 되레 걱정했어.

"밤마다 원고 걱정에 잠을 못 이룹니다. 앞 권이라도 정리되는 대로 인쇄하는 게 안전하지 않겠습니까?"

최현배는 밤마다 못다 한 작업을 위해 원고를 집으로 가져갔어. 그러고서 작업이 끝나면 항상 원고를 집 뒤편에 묻힌 독 안에 넣어 두었지. 밤사이에 혹여 불이 나거나 무슨 일이 생길까 걱정됐기 때문이야.

"그럼 이 자리에서 결정을 내립시다."

인상을 쓴 채로 종이 카드를 한참 응시하던 이윤재도 고개를 끄덕였어.

"그렇게 하지요."

곧바로 지금까지 완성된 원고에 대한 질문이 오갔어.

"작업한 원고량이 얼마나 되지요?"

"카드를 다 합하면 2만 6,500장 정도 될 겁니다."

이극로는 완성된 꼴을 대충 가늠해 보았어.

"인쇄할 분량은 되겠군요."

"그럼 마무리하는 대로 원고를 넘깁시다."

조선어 학회는 당시까지 얼추 완성된 원고를 조선 총독부에 신고했어. 1940년 3월 13일, '큰사전 원고'는 일부 내용을 수정하는 조건으로 검열을 통과했어. 완벽하진 않았지만, 일단 출간할 수 있는 조건은 마련된 거야.

"총독부에서 연락 왔습니다. 몇 가지 수정할 곳이 있지만, 통과했습니다!"

조선어 학회 편찬원들은 원고가 검열을 통과했다는 소식을 듣고 한숨 돌렸어.

힘든 고비를 하나 넘었지만, 여전히 불안했지. 그래서 되도록 빨리 원고를 인쇄하기로 했어. 이극로는 그길로 대동 인쇄소 사장과 연락해, 일정을 잡기로 했지.

반갑지 않은 방문객

1942년 9월 5일, 따뜻한 볕이 드는 오후였어. 조선어 학회 편찬실은 여느 날처럼 조용했어. 종이를 넘기는 소리만 나는 게 서늘한 느낌이 들 정도였지. 누군가가 입을 열었어.

"흠, 라디오라도 틀까요?"

그 말에 정태진이 앉은 채로 손을 내저었어.

"관두시오. 틀어 봐야 내선일체니, 대동아 전쟁(태평양 전쟁)이니 헛소리만 가득할걸."

정태진의 말대로 라디오에서는 종일 전쟁 얘기만 흘러나왔어.

1941년에 결국 태평양 전쟁이 시작됐고, 일제는 신문이나 라디오 방송을 통해 전쟁을 홍보했지. 일본 천황을 위해 영광스러운 전쟁에 참전하라는 식이었어. 어린 학생들을 꼬드겨 총알받이로 내몰려는 속셈이었지.

이를 아는 정태진은 라디오에서 끊임없이 나오는 홍보 방송을 못마땅해했어. 특히 함흥에서 학생들을 가르쳤기에 더욱 진저리를 쳤어.

편찬원들도 이런 분위기가 싫은 눈치였지만, 딱히 말을 하는 이는 없었어. 그럴 만도 했지. 편찬원들은 중구 한양공원(지금의 남산공원)에 다녀온 길이었거든. 그곳에 있는 조선 신궁*에서 참배하고 온 참이었어.

일제는 조선어 학회를 '국민 총력 조선 연맹'이라는 단체에 가입시켰어. 그리고 '조선어 학회 연맹'이라고 적힌 깃발을 들고, 조선 신궁에서 참배하도록 했지. 회원들은 일제가 원하는 대로 일본식 성명으로 바꾸고, 신사에서 참배했어. 살벌한 분위기 속에서 조선어 학회를 이어 가려는 방법이었어. 하지만 편찬원들 스스로가 느끼는 비참함은 어쩔 수 없었지.

다시 편찬실이 침묵으로 빠져들 때였어. 누군가 문을 두드렸어.

"문 여시오! 홍원서에서 나왔소."

조선 신궁
조선이 식민지라는 걸 보여 주기 위해, 일제가 서울의 남산 중턱에 세운 신사를 말해요.

일제가 사상과 종교를 제한하려는 목적으로 세운 조선 신궁의 모습. 현재는 남산공원과 안중근의사기념관이 자리하고 있다.

그 순간, 편찬원들은 가슴이 두방망이질 치는 듯했어. 홍원 경찰서라면 조선인들을 마구 잡아들이기로 유명한 야스다 형사가 있는 곳이었거든. 이극로가 문을 열자, 역시나 야스다가 보였어.

이극로가 떨리는 목소리를 가다듬고 물었어.

"무슨…… 일이십니까?"

"정태진 선생 여기 있습니까?"

"무슨 일이오."

정태진이 야스다 쪽으로 다가왔어. 야스다는 손에 든 봉투를

정태진에게 건넸어. 겉봉에 '서대문구 미근동 60-18'이라고 적혀 있었어. 정태진이 사는 집 주소로 보낸 소환장이었지.

"홍원서에 함께 가 주셔야겠소."

설명을 들은 정태진의 반응은 의외로 담담했어.

"이 박사, 그럼 내 잠시 다녀오리다."

정태진은 이극로에게 이 한마디만 남긴 채 야스다를 따라나섰어. 조선어 학회 편찬실은 발칵 뒤집혔지.

다들 안절부절못하는 사이, 김윤경이 간만에 편찬실에 왔어. 조선말 사전 초고가 인쇄에 들어가면서부터 김윤경은 교정을 보느라 인쇄소에 주로 있고, 편찬원들도 가끔만 들렀지. 200여 쪽에 달하는 분량을 편찬원들이 교정하느라 바빴거든.

평소와 다르게 수군거리는 분위기에 김윤경이 의아해했어.

"무슨 일 있습니까?"

"방금 야스다가 정태진 선생을 잡아갔습니다."

"아니, 무슨 일로요?"

상상도 못 한 대답에 놀란 김윤경이 되물었어.

"정태진 선생 얘기로는 한 달 전에 학교로 순사들이 다녀갔다고 합니다."

이극로가 김윤경의 질문에 대신 답했어. 미리 정태진이 이극로에게 귀띔한 바가 있는 듯했지.

"이 박사, 뭔가 들은 게 있습니까? 대체 무슨 일이랍니까?"

"여학생 하나가 불심 검문에 조선말로 응했다더군요. 그걸 빌미로 학우들까지 죄다 불러들였다고……."

"아니, 겨우 조선말을 썼다는 이유로요?"

"네, 정 선생이 가르치던 여학생 여럿이 그 일로 홍원 경찰서에 잡혀갔답니다. 그래서 조만간 정 선생이 증인으로 갈 거라더군요."

두 사람은 정태진이 치안 유지법 위반 사건에 휘말린 게 아무래도 걱정이었어. 귀에 걸면 귀걸이 코에 걸면 코걸이 식으로 집행되는 게 바로 치안 유지법이었거든.

둘의 걱정 어린 대화를 듣던 편찬원들은 참다못해 한마디씩 내뱉었지.

"꼬투리도 정도껏 잡아야지. 해도 너무한 거 아닙니까?"

"홍원 경찰서라면…… 보나 마나 야스다 짓일 겁니다!"

"맞아요. 안정묵, 아니 이젠 야스다지요. 그놈은 부끄러운 줄도 모르고 일제의 앞잡이 노릇을 하고 다니니, 원!"

편찬원들은 순사들이 조선인 단체 주위를 맴돌고 있다는 사실을 잘 알았어. 뭐 하나라도 걸고넘어지려고, 사사건건 꼬투리를 잡는다는 것도 말이야. 하지만 잘 알면서도 막상 이런 상황이 닥치니 분통이 터졌어.

이를 잠자코 듣던 이극로는 편찬원들을 불러 모았어.

"여러분, 잠시 여기로 모이십시오."

편찬원들이 이극로 앞에 가까이 자리를 잡고 앉았어.

"여러분도 알다시피 지금은 비상시국입니다. 전쟁 속에 일본이 망하느냐 살아남느냐 하는 중이지요. 그래서 조선 총독부도 조선 사람들이 만든 단체를 철저히 감시하는 중입니다. 우리도 예외는 아니지요."

이극로의 얼굴은 벌겋게 달아올랐어.

"얼마 전에도 종로 경찰서 형사 하나가 다녀갔지요. 그 형사는 평소에도 자주 찾는 줄로 압니다. 분명 조만간 여길 또 찾아올 겁니다."

그 끈질긴 형사를 떠올리는 것만으로도 편찬원들의 표정은 많이 지쳐 보였어. 이극로는 편찬원들을 다독이며 말했지.

"형사가 왜 아직도 해산하지 않고 버티냐고 추궁하거든 이렇게 둘러대십시오. 조선어 학회도 총독부의 명령에 따라 해산하려 했지만, 당장에 먹고사는 문제가 있어 미뤄 왔다고요. 부득이 오늘까지 미뤘으나 곧 해산할 예정이니 양해해 달라고 말하십시오."

그 말을 끝으로 이극로는 아무 말도 못 했어. 편찬원들에게 힘들겠지만 조금만 더 버텨 달라는 말을 차마 꺼낼 수 없었거든.

하지만 이극로도, 편찬원들도 그 말을 굳이 입 밖에 꺼내지 않아도 그 사실을 잘 알고 있었지.

잔혹한 흔적을 남기다

걱정했던 일은 결국 일어났어. 정태진이 연행된 건 불행의 시작에 불과했어.

경찰서로 불려 간 정태진은 온갖 고문을 당했어. 견디다 못해 야스다가 원하는 대로 거짓 자술서를 쓰고 말았지. 결국 허위 자백에 조선어 학회 편찬원들까지 줄줄이 엮이고 말았어.

1942년 10월 1일 아침이었어. 이석린은 여느 날처럼 편찬실로 가기 위해 일찍 일어났어.

"여보, 아침 먹어요."

아내가 이석린을 부르는데, 방문 밖에서 소리가 들렸어.

"이석린 선생 계십니까?"

정중한 목소리였지만, 어딘지 달갑지 않았어. 처음 듣는 '선생' 소리도 어쩐지 어색했지. 방문을 열고 보니 양복 차림의 두 남자가 서 있었어.

"무슨 일……입니까?"

"형사입니다. 잠깐 경찰서까지 가 주셔야겠습니다."

형사가 종로구에 있는 자기 집까지 찾아온 게 이상했어. 이석린은 불안한 마음을 억누르며 물었어.

"무슨 이유로요?"

"가 보면 알 겁니다."

형사는 짤막하게 답을 한 후 이석린을 연행했어. 그대로 아침밥도 못 먹은 채, 이석린은 집을 나섰어. 이석린의 가족들은 갑작스러운 상황에 겁을 먹었어. 어머니의 얼굴은 하얗게 질려 있었지. 어머니는 그의 두 살배기 아들 달원이를 업은 채로 전찻길까지 따라 나왔어.

이석린이 도착한 곳은 경기도 경찰부였어. 이석린은 이유도 모른 채 감방 안에 갇혔어. 안에는 이미 이극로가 연행돼 있었지.

"아니, 이 박사님! 이게 다 무슨 일입니까?"

이석린은 울먹거리며 이극로를 향해 물었어. 그 모습을 본 이

극로가 이석린을 다독였어.

"걱정하지 마시게. 정태진 선생 일로 이리된 모양인데, 곧 해결될 게야."

이석린은 정확한 상황을 모르지만, 조금 진정할 수 있었어. 그러고 보니 벽 너머로 익숙한 목소리가 들렸어. 옆 감방에도 다른 편찬원들이 잡혀 있는 듯했어.

곧이어 김윤경과 이병기, 이은상, 서민호, 정인승도 감방 안으로 들어왔어. 조선어 학회 사람들이 줄줄이 잡혀 오는 걸 보면서 이석린은 혼잣말처럼 중얼거렸어.

"잘 해결되겠지요……."

하지만 바람과 달리, 조선어 학회 사람들은 바로 풀려나지 못했어. 일본 경찰은 그들을 경성역(지금의 서울역)에서 밤 기차에 강제로 태워 모두 함경남도 홍원으로 보냈어. 종로 경찰서에 갇혀 있던 사람들도 함께였어.

사람들이 홍원 경찰서에 도착하자, 본격적인 취조가 시작됐어. 경찰들은 처음엔 모욕적인 말로 협박하더니, 이내 사람들에게 하나둘씩 고문을 가했어.

"이놈! 조선어 학회에서 무슨 짓을 했냐니까!"

"사전을 만들······."

"사실대로 말해! 정태진이 이미 다 자백했어! 임정(대한민국 임시 정부)이랑 내통했지?"

"아닙니다. 그런 적 없습니다."

"어디서 거짓말을 해? 이거 안 되겠구만?"

"정말······ 정말 원고만 교정했습니다, 정말이에요!"

아무 데나 마구 때리는 일은 예사였어. 지옥 같은 나날이었지.

무엇보다 끔찍했던 건 조선어 학회 사람들을 유독 심하게 고문하는 경찰들이 조선 사람이라는 사실이었어. 같은 민족에게 가혹한 고문을 받는다는 게 그 어떤 일보다 이석린을 비참하게 만들었지.

"이윤재, 김윤경, 김선기 나와!"

경찰이 또다시 고문을 시작하기 위해 이름을 부르자, 앞으로 어떤 일이 벌어질지 아는 김선기는 차마 발이 떨어지지 않았어. 그때, 앞에 선 이윤재와 김윤경이 태연히 걸어가는 게 보였어.

'이 선생님, 김 선생님······.'

꼿꼿이 앞서가는 두 사람의 모습에 김선기는 힘을 얻었어. 그는 나약해졌던 마음을 다잡고, 둘을 뒤따라 걸었지.

조선어 학회 사람들은 조선말 사전을 만들기 위해 위험을 무릅쓰고 일했어. 위험한 일인 줄 알았지만, 각오가 돼 있었어. 하지만 막상 고문에 시달리니, 다들 몸과 마음이 무너져 내리는 기분이었지.

감옥 안에서도 사람들은 자신을 지키기 위해 노력해야 했어. 고문으로 목숨을 잃고 말지, 다른 사람을 해칠 말은 하지 않았어. 아니, 하지 않으려 죽도록 애썼어.

그래도 하루가 멀다고 고문을 받다 보니, 다들 정신적으로 힘들었어. 무엇보다 소식을 모르는 가족을 걱정하는 마음도 컸지.

"이 군, 잠이 안 오는가?"

뒤척거리는 소리에 김윤경이 조용히 물었어. 자상한 목소리에 이석린은 울음을 삼켰어.

"선생님, 처자가 걱정됩니다. 많이 놀랐겠지요?"

"너무 걱정하지 말게. 이극로 박사네 부인께서 잘 말해 뒀을 것이니."

가장 어린 나이였던 이석린은 두고 온 처자가 눈에 밟혀, 밤마다 잠도 제대로 못 이뤘어. 이를 알기에 김윤경도 말을 꺼내 위로한 것이었지.

"제 아들, 달원이도 별일 없이…… 잘 있겠지요?"

"그럼, 아무 염려 말게."

안타깝게도 다음 날, 이석린에게는 슬픈 소식이 날아들었어. 첫아들 달원이 약도 제대로 쓰지 못하고 세상을 떠났다는 것이었지. 감옥 안에서 아무것도 해 줄 수 없었던 이석린은 마음이 찢어지는 듯했어.

이석린뿐만 아니었어. 감옥에서 이병기는 자신의 처지를 담은 시조를 지었어. 제목처럼 '홍원에서 나지막이 읊조린' 내용이었지.

몹시 기다리다 아이들 편지 보니

팔순(八旬) 된 아버지 주야로 염려하시며

차디찬 방에 겨오셔 이 겨울을 나신다고.

_이병기, 〈홍원저조(洪原低調)〉 25수 중 제13수

이병기는 옥중에서 아이들에게 편지를 한 통 받았어. 잡혀간 아버지를 걱정하며 할아버지가 방에 불도 때지 않고 기다린다는 내용이었어. 이병기는 부모님을 향한 죄스러운 마음을 담아, 시조로 남겼지. 감옥에서 아들인 그가 할 수 있는 일은 그것뿐이었어.

비극으로 끝난 원고

이극로, 이윤재, 최현배, 이희승 등 경성에서 11명으로 시작된 검거는 33명까지 확대됐어. 여러 사람을 지독하게 괴롭히던 조사는 1943년 4월 중순에야 끝났지.

당시에 조선어 학회 사건의 증인으로 취조받은 사람은 48명이나 됐어. 취조 과정에서는 고문이 끝없이 이어졌지. 이듬해 재판이 열리긴 했지만, 조선어 학회 사람들에게는 이미 잔인하게 흘러간 1년이었어.

홍원 경찰서는 사전을 만드는 일에 관련된 사람 중 33명을 치안 유지법 제1조에 따라 내란죄*로 결론 내렸어. 일찍이 이윤재가

내란죄
무력으로 정부를 뒤집어엎거나 독립하려는 시도를 말해요. 당시에는 일제의 입장에서 조선의 독립운동을 명명한 셈이지요.

왼쪽은 조선인 행정 관리가 진행하는 전통 재판, 오른쪽은 경성 지방 법원에서 일본인 판사가 진행하는 신식 재판. 1921년 일제가 신식 재판을 홍보하기 위해 의도적으로 구성한 사진이다.

상하이에 김두봉을 만나러 간 적이 있었지. 그때 출판사에서 융통한 돈 200원을 보낸 사실을 엮어, 조선어 학회가 상하이에 있는 대한민국 임시 정부와 결탁해 내란죄를 저질렀다고 한 거야.

홍원 경찰서는 담당 검사에게 의견서를 제출했어. 이극로, 이윤재, 최현배, 이희승, 김윤경, 이병기, 한징 등 24명을 기소*하고, 이석린 등 6명은 기소 유예를 하자는 의견이었지. 그리고 안재홍

기소
검사가 형사 사건에 대해 법원에 피의자의 심판을 요구하는 일을 말해요.

은 불기소 처분하고, 권덕규와 안호상은 기소 중지했어.

 의견서가 넘어간 뒤, 기소되지 않은 사람들은 1943년 9월 18일 석방됐어. 기소된 사람들은 예심에 넘겨졌어. 그동안 함흥 형무소에 갇힌 사람들은 언제 열릴지 모르는 재판을 기다릴 수밖에 없었어.

 조선어 학회 사람들이 마지막까지 살아남아 기어이 조선말 사전을 만들려 했던 이유는, 역설적이게도 일본 경찰이 가장 먼저 알아차렸어. 1943년 9월 30일, 함흥 지방 재판소에서 낸 예심 종결 결정문에는 이런 문구가 적혀 있었지.

> ……조선 민족의 문화와 경제력을 양성하고, 향상시키는 동시에 민족의식을 환기하여 독립의 실력을 양성한 다음 정세를 보아 무장봉기, 그밖에 적당한 방법으로 독립을 실현시키려는 운동이며……

 조선말 사전을 만드는 행동이 우리 문화와 경제력을 키우고, 민족의식을 높이기 때문에 아주 깊은 뜻을 가진 민족 운동이라는 것을 알고 막으려 했던 거야.

이 결정문에 따라, 총 12명이 내란죄를 뒤집어썼어. 조선어 학회 사건의 재판은 1944년 12월이 돼서야 시작되어, 1945년 1월까지 총 아홉 번에 걸쳐 열렸어. 조선어 학회 사람들은 심지어 당연한 법적 권리도 제대로 보장받지 못했지.

결국 1944년 12월 8일, 고문 후유증으로 이윤재가 세상을 떠났어. 이듬해 2월 22일에는 한징도 사망했지. 조선어 학회 사건에 휘말린 사람들은 몸과 마음이 만신창이가 되었어.

그래도 감옥에서 풀려난 사람들은 어떻게든 원고를 마무리 지으려고 했어. 하지만 조선어 학회를 이끌던 사람들은 여전히 감옥에 있었고, 나온 이들도 옥중에서 심한 고문을 받아 몸이 많이 상했어. 게다가 '큰사전 원고'마저 증거물로 압수된 상황이었지.

결국 나라를 생각하는 많은 사람의 열망과 한글을 향한 관심에도 불구하고……. 조선어 학회가 완성하려던 큰사전 원고 역시 인쇄되지 못하고, 그대로 원고로만 남게 됐어. 가슴 아픈 조선의 역사와 함께 말이야.

조선어 학회가 펴낸 잡지 《한글》

1942년 10월에 조선어 학회 사건이 시작되기 전까지, 조선어 학회는 꾸준히 학술 잡지인 《한글》을 발행했어요.

《한글》은 처음에는 조선어 연구회에서 편집해 발행하던 잡지였어요. 그러다가 조선어 연구회의 작업이 조선어 학회로 넘어오면서 발행하는 곳도 조선어 학회로 바뀌었지요.

1932년 5월 1일, 조선어 학회는 잡지 이름을 《한글》로 정하고, 재창간했어요. 잡지의 판형도 초기에는 B5였으나 1937년부터는 A5로 바뀌었고, 구성도 세로 읽기에서 가로 읽기로 바뀌었어요. 총 40쪽 분량으로 가격은 15전이었지요.

주로 국어학에 관련된 논문이나 언어 정책을 실어, 대중에게 발표했어요. 조선말 사전을 만드는 데 필요한 여러 의견을 소통할 수 있는 창구 기능을 했지요.

사전을 만들기 위해 먼저 작업한 〈한글 맞춤법 통일안〉도 바로 이 《한글》을 통해 발표됐어요. 1933년에 〈한글 맞춤법 통일안〉이 발표되기 전까지 1928년 《한글》의 1월호와 10월호에 〈조선글 마침법〉이라는 글이 실렸지요. 이 글들을 보면, 통일안의 이름을 정하는 데도 '마침법, 마춤법, 맞춤법'으로 여러 단어를 두고 고민하고 결정했다는 사실을 알 수 있어요. 그러니 맞춤법 통일안의 내용을 정하기까지는 얼마나 많은 시간과 노력이 들었을까요.

당시 《한글》에 실린 글 중에는 이윤재가 쓴 것도 있어요. 〈한글 맞춤법 통일안〉을 제정하기까지 조선어 학회 사람들이 어떤 과정을 거쳤는지를 서술하고 있지요.

이 글에 따르면, 통일안이 완성되기까지 3개월이 걸렸고, 그동안 조선어 학회 사람들은 125번을 만나 무려 433시간을 토론했다고 해요. 어떤 기준으로 단어를 통일할 깃인지에 대해 다양한 의견을 주고받은 거예요.

지금 우리가 아는 '교양 있는 사람들이 두루 쓰는 현대 서울말'이라는 표준말의 원칙도 이때 나온 거예요. 당시에는 '대체로 현재 중류 사회에서 쓰는 서울말로 한다.'는 문장을 원칙으로 적었지요.

이 기준 덕분에 사전 편찬원들은 사전에 들어갈 표제어를 정할 수 있었어요. 곤충 '잠자리'를 뜻하는 단어 하나도 '까랭이, 안질뱅이, 자마리, 쨈자리, 앉은뱅이, 잠드래미' 등 지역마다 달랐어요. 여러 지역에서 쓰는 단어 중에 표준말의 원칙에 따라 '잠자리'로 선택한 거죠.

맞춤법 통일안을 시작으로 활기를 띠던 사전 편찬 작업은 결국 일제가 꾸민 조선어 학회 사건을 기점으로 중단되고 말아요. 잡지 《한글》역시 사전 작업과 마찬가지로 한동안 멈춰 버렸지요.

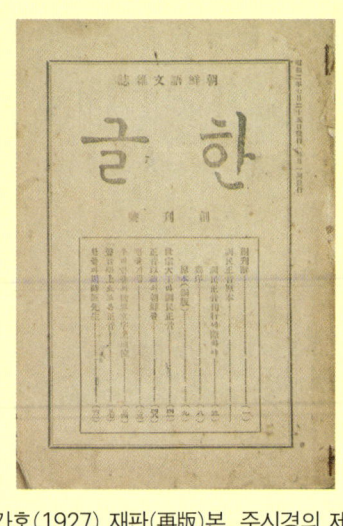

동인지 《한글》 창간호(1927) 재판(再版)본. 주시경의 제자들이 참여해 간행한 최초의 한국어문 연구 잡지. 그러나 외압으로 1928년 휴간하게 된다.

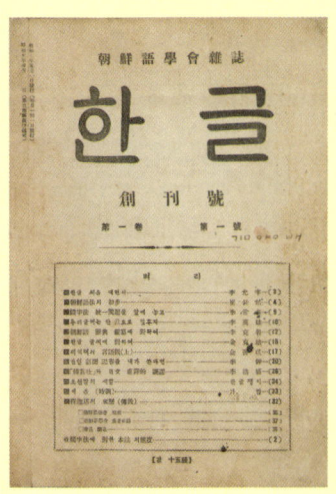

조선어 학회 기관지 《한글》 창간호(1932). 1942년 조선어 학회 사건으로 발행이 중단되었다. 이후 1946년 4월 1일에 속간된다.

해방 후, 조선어 학회의 이름이 한글 학회로 바뀌면서 《한글》도 한글 학회의 학술 기관지로 바뀌었어요. 잡지 《한글》은 현재까지도 우리말과 우리글에 대한 여러 연구를 발표하는 계간지로 남아 있어요.

04

한뜻으로 만든 우리말 사전

해방이 되자, 거리에는 만세를 외치는 사람들로 가득 찼어. 그리고 기뻐하는 사람들 사이에서 무언가를 바쁘게 찾아다니는 사람도 있었지. 바로 조선어 학회 사람들이었어. 해방 전에 조선어 학회 사건의 증거물로 압수당한 '큰사전 원고'를 찾고 있었던 거야.

조선어 학회 사람들은 해방된 기쁨을 느낄 새도 없었어. 거의 완성했지만 인쇄조차 하지 못한 원고를 찾아, 하루라도 빨리 사전으로 만들어야 했지.

왜 이렇게 서둘렀냐고? 조선어 학회 사람들은 지금이야말로 우리말 사전을 만들 적절한 시기라고 여긴 거야. 고종이 한글을 모국어로 명한 날부터 일제로부터 해방될 때까지, 한 번도 국어사전을 갖지 못한 한민족에게 드디어 기회가 온 거지.

꽤 오랜 시간이 걸렸지만, 사람들의 노력 덕분에 결국《조선말 큰사전》이 탄생하게 되었어.

해방의 기쁜 날

　1945년 8월 15일, 조선은 해방을 맞았어. 일본이 제2차 세계 대전에서 패하면서 한반도에서도 철수한 거야.

　처음 해방 소식이 전해진 건, 라디오를 통해서였어. 가느다랗게 흘러나오는 일본 천황의 목소리는 주파수가 맞지 않아 잘 들리지도 않았지.

　사람들은 처음에 무슨 상황인지 몰랐어. 하지만 일본 사람들이 우는 모습을 보며, 일본이 패망했다는 사실을 깨달았지. 그리고 누가 먼저랄 것도 없이 거리로 뛰쳐나왔어.

　"만세! 만세!"

　여인과 아이, 지팡이를 짚은 노인 들까지 거리에 나와 행진했

어. 손에는 급히 만든 태극기를 들었어. 당장 태극기를 구할 수 없어, 일장기에 먹물을 들인 듯했어. 얼룩덜룩 그려낸 태극기를 든 사람들은 서로 얼싸안고, 뜨거운 눈물을 흘렸어.

"만세, 만세……."

사람들은 쉴 새 없이 '만세.'를 외쳤어. 그래도 좋기만 했지. 너무 기쁜 나머지, 마당에서 데굴데굴 구르는 사람도 보였어.

해방되면서 독립운동을 했다는 이유로 옥살이를 하던 사람들도 석방됐어. 그중에는 조선어 학회 사람들도 있었지.

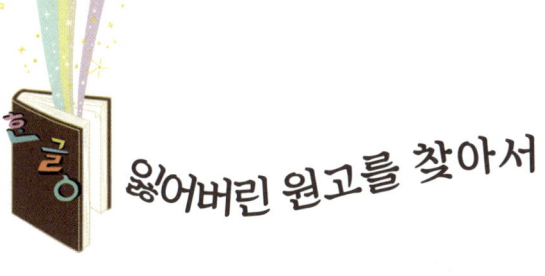
잃어버린 원고를 찾아서

　1945년 8월 17일에 이극로, 최현배, 이희승, 정인승이 함흥 형무소에서 석방됐어. 이들은 나오자마자 경성으로 향했지. 조선말 사전을 서둘러 마무리 짓기 위해서였어.
　"이 박사, 잘 오셨소. 몸은 괜찮은 겁니까?"
　"김 선생도 몸은 잘 추스르셨소?"
　이극로와 김윤경이 서로 안부를 주고받는 것도 잠시였어. 하루바삐 끝내야 할 일이 따로 있었기 때문이지.
　8월 20일에 조선어 학회 사람들이 다시 한자리에 모였어. 이극로 일행이 경성에 도착한 바로 다음 날이었지.
　"일단 만들던 원고부터 찾아야겠습니다."

광복 이후, 조선어 학회 사건으로 옥고를 치르고 나온 사람들과 조선어 학회 직원들이 모여서 찍은 사진(1945년 11월 13일). 이극로, 이희승, 정인승 등이 보인다.

이극로의 말은 당연했어. 조선어 학회 사건의 증거물로 일제에 압수당한 원고를 찾는 게 가장 중요했지.

그날부터 사람들은 뿔뿔이 흩어져 원고의 행방을 수소문했어.

처음에 사람들이 연행된 홍원부터 찾았어. 끔찍한 고문을 받던 기억이 몇 달 전인데, 그곳은 텅 비어 있었지. 여기저기 흩어진 서류들 사이에서 열심히 원고를 찾았지만, 보이지 않았어.

재판이 진행되면서 옮겨 간 함흥도 마찬가지였지. 재판을 받은 법원까지 샅샅이 뒤졌지만 소용없었어.

"이 정도로 샅샅이 뒤졌는데 안 보이는 게 이상합니다."

"설마 일본 땅으로 가져간 건 아니겠지요?"

"그럴 리가요. 분명 어딘가에 방치돼 있을 거외다."

"하지만 홍원에도, 함흥에도 없었잖습니까?"

"증거물을 없애 버린 건 아니겠지요?"

"재판이 끝난 지 얼마 안 됐으니……. 그럴 정신은 없었을 거요."

"혹시…… 화물로 운반하다가 빠뜨린 게 아닐까요?"

"아, 그럴 수 있겠네요. 그럼 열차역을 돌아다녀 볼까요?"

조선어 학회 사람들은 재판 증거물을 운반했을 법한 역을 모두 찾아갔어. 경성역을 비롯해 온 역사를 돌아다니며 책임자인 역장들도 만났지.

"역장님, 안녕하십니까. 저희는 조선어 학회에서 왔습니다."

"아, 안녕하십니까. 무슨 일로 절 찾으셨는지요?"

"원고 뭉치를 찾고 있습니다. 혹시 여기에 없었습니까?"

"글쎄요. 그런 건 못 봤습니다만……."

"원고 뭉치가 52권이나 되는 터라 무게가 꽤 나갑니다. 그 정도 크기의 물건을 찾으시거든, 부디 연락 주십시오."

"그러지요. 중요한 물건인 듯한데, 꼭 찾으시길 바랍니다."

"감사합니다."

하지만 어느 역사에도 그들이 찾는 원고는 없었어. 점점 원고를 찾을 수 있다는 희망도 사라져 갔지.

"다시 처음부터 시작하는 수밖에 없겠습니다."

"……또 원고를 쓸 생각을 하니 앞이 캄캄합니다."

누구랄 것 없이 같은 마음이었어. 단순히 2만 6,500여 장의 원고지가 아니었거든. 1920년대부터 차곡차곡 담아낸 꿈과 열정, 여러 사람의 희생이 담긴 원고였지. 그렇게 힘들게 작업한 시간이 한순간에 사라져 버린 거야.

이 정도로 찾았지만 보이지 않으니 다시 시작해야 한다고 다들 생각했지만, 쉽게 '그러마.'라고 하기엔 너무나 허무했지.

그러던 어느 날이었어. 기적처럼 경성역 역장에게서 전보 한 통이 도착했어!

사전 원고로 추정되는 상자 발견

원고를 찾기 시작한 지 정확히 19일 만이었지.

소식을 들은 조선어 학회 사람들은 급히 경성역으로 사람을 보냈어.

"김 선생님은 언제 오신답니까?"

"이제 출발한 지 반나절도 안 되었습니다. 곧 소식이 오겠지요."

다들 경성역에 사람을 보내 놓고도 안절부절못했어. 자신들이 찾던 원고가 눈앞에 보이기 전까지는 누구도 진정할 수 없었지.

"도착했습니다!"

경성역에 갔던 김윤경이 상자를 들고 들어왔어.

"맞습니까?"

뭐라고 할 새도 없이 사람들은 상자 주위로 다가섰어.

이극로가 상자 뚜껑으로 손을 뻗었어. 다들 숨도 제대로 들이켜지 못한 채, 이극로의 손끝만 바라봤지.

"아……!"

상자 안에는 사람들이 그토록 찾던 원고가 있었어. 3년 만에 제대로 마주한 모습은 마지막에 본 그대로였어. 교정을 봤던 펜 자국까지 말이야!

어떻게 된 일이냐고? 해방 이틀 전, 경성 고등 법원에 신청한 상고가 기각되었어. 그래서 조선어 학회 사건의 증거물이 그대로 경성역 창고에 있었던 거야.

1941년부터 1942년까지 작업한 《큰사전》 제3권 원고의 수정본이다.

그 후 해방이 되면서 일본이 한반도에서 급히 물러났고, 화물 이동에 난리가 난 상황이었지. 어딘가로 보낼 예정이던 화물은 모두 경성역 조선운송(지금의 CJ대한통운) 창고에 들어찼어. 그 때문에 한가득한 화물들 밑에 원고가 깔린 걸 몰랐던 거지.

인부들이 화물을 정리하면서 역장이 그걸 발견한 거야. 조선어 학회 회원들이 다녀갔던 터라 다행이었지.

원고지 앞에 선 조선어 학회 사람들은 감격스러웠어. 다들 눈가가 촉촉하게 젖어 들었지. 상자 속의 원고가 소중한 마음은 다들 마찬가지였거든.

천리 길도 한 걸음부터

　큰사전 원고를 찾은 조선어 학회 사람들은 부지런히 작업을 시작했어. 해방되면서 우리말 교육도 시작됐기에, 하루라도 빨리 사전을 출간해야 했지.
　"선생님, 원고 작업은 어찌 되어 갑니까?"
　최현배가 물었어. 요새 최현배는 문교부 편수국*에서 교과서를 만드는 책임자로 일하는 터였거든.
　"여전히 작업 중입니다."
　정인승이 한숨을 쉬며 말했어. 정인승은 이극로의 뒤를 이어, 원고의 후반 작업을 맡은 상태였어.

문교부 편수국
해방 후에 문교부(지금의 교육부)에서 국정 교과서를 만들기 위해 만든 기구를 말해요.

123

최현배가 쓴 《글자의 혁명》(1947). 속표지에 아들에게 쓴 친필 서명이 보인다.

"결국 이응 편은 못 찾은 겁니까?"

"네, 여기저기 수소문해 봤는데……. 일본 검사들이 잃어버린 듯합니다."

안타깝게도 경성역에서 찾은 원고 중에는 가장 분량이 많은 'ㅇ' 편이 없었어. 감옥에 있을 때 일본 경찰들은 이응의 표제어로 올린 '이순신', '임진왜란'을 꼬투리 잡아 편찬원들을 심하게 괴롭혔거든. 중요한 증거물로 내세워 내란죄를 엮으려다 원고 자체를 잃어버린 듯했어.

"표제어 작업을 다시 하려면 시간이 꽤 걸리겠군요."

"이응 편 외에도 표제어로 새로 올릴 게 많습니다."

"그렇겠지요."

예전에는 일제의 검열을 받아야 했기에 내용에도 한계가 있었어. 표제어와 뜻풀이에도 민족의식과 관련된 내용이 많이 줄거나 빠졌지.

하지만 이제는 그럴 필요가 없었어. 때문에 새로 표제어를 넣고, 뜻풀이도 수정해야 했지. 간단한 수정 같지만, 결국 전체를 다시 쓰는 작업이나 다름없었어.

하루하루 마음은 급했지만, 차근차근 해 나가는 수밖에 없었지. 사전을 만드는 작업이 진행될수록 원고가 마무리될 날도 점차 다가왔어.

사전을 만드는 사람들

하지만 마지막이 다가오면서 이번에는 다른 문제가 생겼어. 조선어 학회의 자금 사정이 좋지 않아, 사전을 발간할 수 없는 상황이 된 거야.

이극로와 김병제는 완성된 '큰사전 원고'를 들고, 을유문화사 사장을 찾았어.

을유문화사는 해방된 해 12월에 설립되어, 출판뿐 아니라 문화 운동*을 이어 나가는 출판사였지. 네 사람이 공동으로 운영하는 형태였어.

"큰사전 원고입니다. 직접 제작하면 좋겠지만, 학회의 형편이 어려워서요."

문화 운동
새로운 문화의 흐름을 만들기 위해 벌이는 다양한 집단 활동을 말해요.

도서출판 을유문화사

"이 박사, 김 선생. 뜻은 잘 알지만…… 출판사 사정이……."

출판사 사장은 곤란한 기색을 보였어.

"꼭 필요한 책이오. 어떻게 안 되겠소?"

이극로가 다시 한번 부탁했으나 결과는 같았어. 해방 이후, 종이든 인쇄기든 사전을 찍어 낼 물자가 부족했거든. 그럼에도 을유문화사가 출판사를 차린 건 우리말과 우리글을 활발히 쓰도록 돕는 일이기 때문이었어.

그렇기에 이극로와 김병제도 이대로 포기할 수는 없었어. 원고를 보따리에 소중히 싸서, 다시 출판사를 찾았어. 사장을 한 번 더 설득하기 위해서였지.

"사전이 아니면 대체 어떤 책으로 문화 운동을 한단 말이오?"

"이 박사님, 사전은 저희가 맡기에 너무 큰일입니다."

이번에도 거절당했지. 하지만 포기하지 않고, 또다시 문을 두드렸어.

이번에는 이극로, 김병제, 이희승이 함께 찾았어. 조선어 학회 사람들이 세 번째로 방문하자 출판사도 곤혹스러운 모양이었지.

"선생님들, 이렇게 계속 찾아오시니……."

"누구 하나 큰사전에 관심을 안 보이니 나라가 해방된 의의가 어디 있단 말이오?"

 몇 번이나 출판사를 찾았던 이극로는 더는 화를 참지 못했어. 결국 원고 뭉치로 책상을 두드리며 목소리를 높였지.

 "그래, 이 원고를 가지고 일본 놈들한테나 찾아가 사정해야 옳은 일이겠소?"

 이극로의 감정 섞인 말에 방 안은 숙연해졌어. 함께 출판사를 찾은 사람들도 더는 말이 없었지.

 "이 박사, 그럴 수는 없지요. 저희가 첫 권만이라도 내겠습니다."

 조선어 학회 사람들의 간절한 마음에 출판사가 응답한 거야. 특히 이극로의 마지막 말에 자극을 받았던 거지.

조선말 큰사전의 탄생

　1947년 10월 9일, 드디어 사전 원고가 세상에 나왔어. '조선말 큰사전'이라는 이름으로 첫째 권이 출간된 거야.

　조선어 학회 사람들은 《조선말 큰사전》의 출간을 기념하기 위해 행사를 열었어. 각종 언론사에서 온 기자를 포함해 여러 사람이 출간 기념회에 참석했어.

　조선어 학회 사람들은 자리가 가득 찬 모습을 보며 흥분을 감추지 못했어.

　"드디어 조선말 사전이 나오다니 꿈만 같습니다!"

　"그러게 말입니다. 이윤재 선생과 한징 선생이 이걸 보셨다면……."

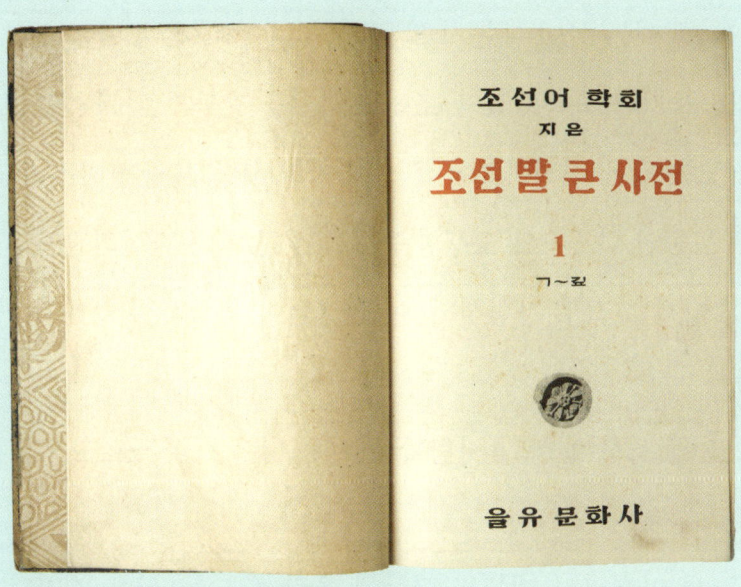

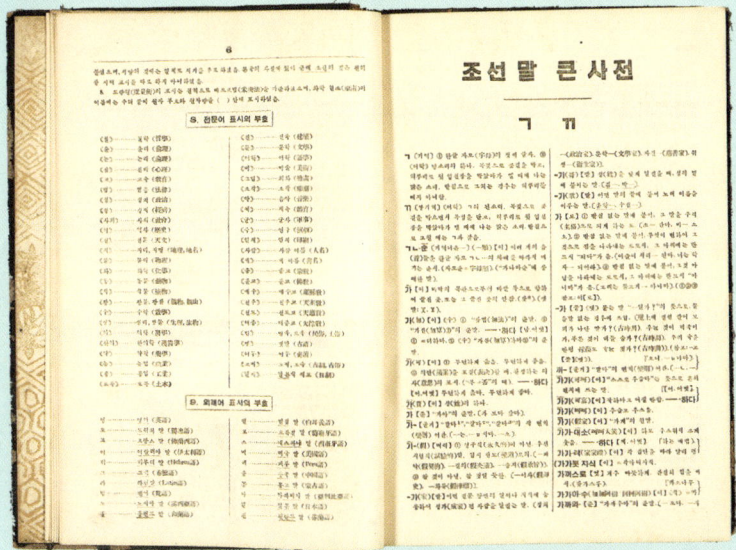

조선어 학회가 편찬하고, 을유문화사에서 출판한 《조선말 큰사전》 1권.

입을 뗀 이는 목이 메는지 말을 더 잇지 못했어. 주변에 있던 사람들도 눈가가 촉촉해졌지. 조선말 사전을 만들기 위해 애썼던 사람들 모두 같은 심정이었어. 한 권이지만 하던 작업이 마무리되고 보니, 그동안 한뜻으로 고생한 동료들 생각이 더 간절해졌지.

"자, 이제 자리로 가십시다. 이 선생님이 축사하실 차례가 아닙니까?"

그 말에 조선어 학회 사람들은 겨우 마음을 추스르고, 하나둘 자리로 향했어.

어느새 이병기가 대표로 단상에 올랐어. 그는 입을 떼려다 말고 헛기침을 했어. 한동안 목을 가다듬은 후에야 축사를 시작했지. 그 또한 복받치는 감정을 추스른 듯했어.

이병기가 낭독한 축시에도 그런 심경이 고스란히 담겨 있었지.

　　따로 말을 가지고 살아온 겨레로
　　집마다 책상머리 없지 못할 이런 글을
　　이제야 천신만고 끝에 겨우 한 권 내거니.
　　가엾던 까막눈도 모두 밝아들지고
　　다음다음 권을 하루바삐 기다리고

집마다 다 쌓아 두고 기념탑을 삼으리.

축시는 세상에 탄생한 《조선말 큰사전》을 읽고 쓸 사람들을 향한 외침이었어.

《조선말 큰사전》은 절대 단 한 사람의 업적이 아니었어. 40여 년 전부터 사전을 만들고자 노력한 사람들이 있었지. 누군가의 손끝에서 시작됐지만 끝맺지 못한 원고는 다음 사람의 손에 쥐어졌어. 사전을 만들고자 하는 열망만으로 여러 사람이 한뜻이 되어 움직인 거야. 그 끝에서 작은 희망일 뿐이던 원고가 《조선말 큰사전》으로 탄생한 거지.

하지만 이제부터는 달라졌어. 어렵게 만든 사전이 빛을 발하려면 다른 이들이 필요했지. 사전을 만드는 데 작은 힘이라도 보태려 빨래터에서, 고향에서 말을 모아 보내던 보통 사람들 말이야.

《조선말 큰사전》이 성공할지, 실패할지는 앞으로 사전을 곁에 끼고 아껴 줄 사람들의 몫이었지. 여러 고비를 거친 끝에 세상에 나온 작은 씨앗! 이 씨앗이 널리 퍼져서, 한반도 사람들 사이에서 꽃피우고 열매 맺기를……. 이날 자리에 참석한 모두가 꿈꾸는 미래였어.

한글날에 태어난 《조선말 큰사전》

　《조선말 큰사전》이 출간된 날, 한반도에 사는 모두가 희망찬 미래를 꿈꿨지만 그 기쁨은 오래가지 못했어요.

　일본으로부터 해방이 되었지만, 한반도가 완전히 독립된 국가를 세운 건 아니었거든요. 그사이 미국, 소련, 영국이 모스크바에서 한반도를 어떻게 처리할지 논의했어요. 3국은 회의에서 한반도에 임시 정부를 세우고, 3국의 신탁 통치를 받아야 한다고 결정했어요.

　이 결과를 두고, 사람들은 서로 다른 주장을 내세웠어요. 임시 정부를 만드는 게 중요한 쪽과 신탁 통치를 거부하는 쪽이 서로 다퉜어요.

　분열 속에서 아슬아슬하게 유지되던 한반도의 분위기는 1947년 12월 급격하게 달라졌어요. 두 주장을 합쳐 어떻게든 함께하려고 노력하던 시도가 실패로 끝났기 때문이지요. 결국 남쪽과 북쪽에 각각 정부를 만들면서 한반도는 두 쪽으로 분리되었어요.

　조선어 학회에서 함께 사전을 만들던 사람들도 예외는 아니었어요. 각자 신념에 따라 남으로 북으로 흩어지면서 《조선말 큰사전》은 1권 이후로 한동안 이어지지 못했어요.

　2권은 1949년 5월 5일에야 출간되었어요. 사전을 만들긴 했지만,

여전히 제대로 된 상황은 아니었어요. 1권까지 함께한 동료들 중에 북쪽 정부로 간 사람들은 《조선말 큰사전》이 아닌 새로운 사전을 만드는 작업을 시작했거든요. 반쪽뿐인 사람들로 작업을 이어 가는 건 힘들었어요.

심지어 사전을 찍을 잉크와 종이도 부족한 상황이었지요. 조선어 학회 사람들은 미국 록펠러 재단의 도움을 받아, 종이 아홉 차와 잉크 312통을 겨우 마련했어요.

덕분에 2권을 출간한 뒤 바로 3권도 진행될 수 있었지요. 하지만 1권을 출간한 때와는 많은 것이 달라졌어요. 조선어 학회라는 단체 이름도 '한글 학회'로 바꾸고, 사전 이름도 《큰사전》으로 바꿨어요.

한글 학회 사람들은 3권의 조판본 교정을 끝내고 서둘러 인쇄에 들어갔어요. 1950년 6월 1일에 3권을 인쇄하고, 이제 2만 부 분량을 제본하기만 하면 되었어요. 게다가 4권도 조판까지 끝마친 상황이었지요.

하지만 《큰사전》 작업은 결국 중단되고 말아요. 1950년 6월 25일, 한국 전쟁이 시작되었거든요.

한반도는 곧 남과 북으로 나뉘어, 서로를 겨누는 최악의 상황에 처했어요. 먹을 것도 부족한 상황에서 사전을 만들려는 시도는 꿈도 못 꿨지요.

그럼에도 사람들은 절대 포기하지 않았어요.

《큰사전》 1~6권. 1957년 완간되었으며, 속표지에 "미국 록펠러 재단에서 원조해준 물자로 박아낸 것."이라고 적혀 있다.

1957년 10월 9일, 사전 완간을 기리며 찍은 기념사진이다.

한국 전쟁이라는 커다란 장애물을 만났지만, 끝까지 작업을 이어 갔지요. 결국 마지막 권인 《큰사전》 6권은 1957년 10월 9일 세상에 나왔어요.

1947년 한글날에 처음 출간된 《조선말 큰사전》이 1957년 한글날, 10여 년 만에 마무리된 것이지요.

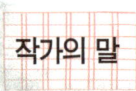
작가의 말

우리말 사전, 역사와 만나는 법

    2012년 10월 9일, 문화재청은 제566돌 한글날을 맞아 아주 특별한 발표를 해. 한글과 관련된 유물 일곱 건을 문화재로 등록하겠다고 알린 거야.

    그중에 우리에게 익숙한 유물이 있었어. 바로 우리말 사전을 만들기 위해 정리한 원고들이었지. 1910년에 주시경과 동료들이 만들던 '말모이 원고'와, 1929년부터 1942년까지 조선어 학회가 만든 '조선말 큰사전 편찬 원고' 말이야.

    '말모이 원고'와 '조선말 큰사전 편찬 원고'는 지금 우리가 쓰는 사전과는 많이 달라. 원고를 작업할 당시는 사람들이 한글에 익숙하지 않은 데다가 일제 강점기였어. 때문에 사전에 실린 단어의 종류와 내용도 지금과 다를 수밖에 없었지.

'말모이 원고'가 어떤 모습일지 궁금하니? 친구들이 원본을 보고 싶다면 국립한글박물관으로 가면 돼. 240자 원고지에 붓글씨로 한 글자씩 정성스레 눌러쓴 원고를 찾을 수 있을 거야.

240자 원고지는 원래 존재하지 않아. 아마도 사전을 만들기 위해 당시 사람들이 특별히 주문한 것으로 보여.

아쉽게도 지금까지 보존된 '말모이 원고'는 첫째 권뿐이야. 첫째 권의 표제어는 '가'에서 시작해 '갈죽'으로 끝나. 표제어에 쓰인 뜻풀이를 보면, 지금과 한글 맞춤법이 다른 게 특히 눈에 띌 거야. 주시경 선생이 한글 표기법에 대해 고민한 거 생각나? 그때 마련한 표기법을 이젠 쓰지 않거든.

그렇다고 말모이 원고가 지금 우리에게 의미가 없는 건 아냐. 훗날 조선어 사전이 탄생하도록 밑거름이 된 원고니까. 역사적으로도, 한글 사전 연구로도 굉장히 가치가 높은 자료지. 그래서 '말모이 원고'는 등록 문화재 제523호로 지정되었어.

'조선말 큰사전 편찬 원고' 또한 등록 문화재 제524-1호, 제524-2호로 지정되었어. 이 원고는 총 열일곱 권으로 구성되어 있어.

조선어 학회 사건 때 증거물로 분실되었다가 다시 발견된 거 기억하지? 그때 이후로 시간이 흐르면서 '조선말 큰사전 편찬 원고'의 상태가 점점 나빠졌어.

2015년 7월에 결국 복원 작업에 들어갔어. 특히 'ㅎ'편은 훼손이 심해서, 종이가 부서지거나 글씨가 소실된 상태였다고 해.

다행히도 국가 기록원이 1여 년의 시간을 들여, 원고를 수작업으로 복원했어.

현재 '조선말 큰사전 편찬 원고' 열일곱 권 중에 열두 권은 한글 학회가, 나머지 다섯 권은 독립 기념관이 소장 중이야. 궁금하다면 독립 기념관으로 가 봐. 복원된 '조선말 큰사전' 원고를 만날 수 있을 거야.

등록 문화재가 된 '말모이 원고'와 '조선말 큰사전 편찬 원고'가 있었기에 세상에 우리말 사전이 태어날 수 있었어. 1947년부터 1957년까지 출간된 《큰사전》여섯 권은 그 첫 번째 결실이었지.

한반도에 처음으로 탄생한 우리말 사전을 직접 보고 싶다고? 한글 학회가 펴낸 《큰사전》은 현재 한글 학회의 홈페이지(www.hangeul.or.kr)에 들어가면 전문을 볼 수 있어.

우리말 사전을 만드는 데 큰 도움이 된 과거의 원고와 초기 책들을 친구들의 눈으로 직접 봐 봐. 사전을 만드는 데 일생을 바친 사람들을 훨씬 잘 이해하게 될 거야. 그 안에 바로 여러 사람의 열정과 눈물이 녹아 있으니까.

인물 찾아보기

강병주(1882~1955) 한글학자이자 목사. 조선어 학회의 편찬 전문 위원으로 참여하여, 사전 원고에서 기독교 용어를 담당했어요. 삼일 운동에 참가해 대구 형무소에서 8개월 형을 받았고, 신사 참배를 반대해서 일제에 구속되기도 했어요.

김두봉(1889~미상) 한글학자이자 독립운동가, 정치인. 주시경 아래서 함께 한글을 연구하고, 《조선어문전》 사전 편찬에도 참여했어요. 삼일 운동에 가담했다가 1919년 4월, 일제를 피해 중국 상하이로 망명했어요. 대한민국 임시 정부 초기에 대한민국 임시 의정원 의원을 지냈으며, 광복 후인 1945년 12월에 평양으로 떠났어요.

김병제(1905~1991) 국어학자로, 《조선어문법: 어음론, 형태론》, 《조선어학사》 등을 썼어요. 1930년대에는 배재고등보통학교에서 조선어를 가르치며, 조선어 학회의 표준어 사정 위원으로 일했어요. 1945년에 월북하기 전까지 《조선말 큰사전》을 편찬하는 데 힘을 보탰어요.

김선기(1907~1992) 국어학자. 1930년 조선어 학회의 사전 편찬원이 되어, 〈한글 맞춤법 통일안〉이 완성될 때까지 위원으로 일하다가 조선어 학회 사건에 연루됐어요. 해방 후에는 음성학과 향가를 풀이한 여러 논문을 썼어요. 대표적인 저서로 《한국어 음성학》이 있어요.

김윤경(1894~1969) 국어학자이자 교육자. 조선어 연구회의 창립 회원이었으며, 1922년에는 배화여학교에서 국어와 역사를 가르쳤어요. 1937년 6월에 치안 유지법 위반으로 투옥됐다가 이듬해 7월에 풀려났으나, 이후 조선어 학회 사건에 연루되어 또다시 검거됐어요. 광복 후에도 조선어 학회에서 상무 간사로 일했고, 《나라말본》, 《중등말본》, 《조선문자급어학사》 등 여러 책을 썼어요.

변영로(1898~1961) 영문학자이자 시인. 〈독립 선언서〉를 영문으로 번역하기도 했으며, 계명 구락부에서 최남선 등과 함께 사전을 편찬하는 데 참여했어요. 초반에는 부드럽고 서정적인 시로 주목받았으나, 이후 민족주의적 성향이 드러나는 시를 썼어요. 대표적인 작품으로 〈코스모스〉, 〈나의 꿈은〉, 〈논개〉와 수필집 《명정 40년》 등이 있어요.

서민호(1903~1974) 독립운동가, 정치인. 교육 사업에도 관심 있어 1935년 벌교에 송명학교를 세웠으며, 교장으로 재임 중에 조선어 학회 사건에 연루됐어요. 광복 후에는 정치인으로 활동했어요.

송병기(연대 미상) 1930년 당대에 유명했던 승려. 전문 권위자로서 조선어 학회에서 사전 원고를 만드는 데 불교 용어를 담당했어요.

신명균(1889~1941) 국어학자이자 교육자. 조선어 연구회의 창립 회원이었으며, 동덕여학교에서 오랫동안 학생들을 가르쳤어요. 잡지 《한글》의 발행인으로 편집 일을 했으며, 조선어 연구회에서도 일했어요. 특히 〈한글 맞춤법 통일안〉을 만드는 데 깊이 관여했어요. 대표적 저서로 1933년 《조선어문법》을 냈어요.

양건식(1889~1944) 평론가, 소설가이자 번역가. 최초로 '희곡'이라는 용어를 썼고, 〈홍루몽〉, 〈비파기〉 등 중국 희곡 여러 편을 번역했어요. 계명 구락부에서 최남선 등과 함께 사전을 편찬하는 데 참여했어요.

이극로(1893~1978) 국어학자. 조선어 학회에서 사전을 편찬하는 데 큰 역할을 했고, 한글 맞춤법 제정 위원, 조선어 표준어 사정 위원으로도 일했어요. 조선어 학회 사건으로 징역 6년 형을 선고받았으나, 다행히 해방되면서 석방됐어요. 1948년 4월 이후로는 북한에서 활동하며, 문화어 운동 사업을 이끌기도 했어요. 〈조선어 임자씨의 토〉, 〈조선어 단어 성립의 분계선〉 등 여러 논문을 남겼어요.

이덕봉(1898~1987) 생물학자. 조선어 학회가 만드는 사전 원고에서 식물학 용어를 담당했어요. 1937년에 정태현, 도봉섭,

이휘재와 함께 조선의 여러 지역에서 나는 식물의 이름을 체계적으로 정리한 최초의 식물도감인 《조선식물향명집》을 냈어요. 해방 후에도 한국 생물학 연구를 이어 가는 한편, 한국식물분류학회를 만드는 데도 큰 역할을 했어요.

이병기(1891~1968) 국문학자이자 시조 시인. 호는 가람이며, 주시경에게 조선어 문법을 배운 제자 중 하나예요. 공립 보통학교에서 학생들을 가르치면서 시조를 연구했어요. 1926년에는 시조회를 만들어, 시조 부흥 운동에 앞장서기도 했어요. 조선어 학회에서 조선어 철자법 제정 위원으로 일하다가 조선어 학회 사건에 연루되면서 옥살이를 했어요. 《가람시조집》, 《국문학개론》 등을 썼어요.

이석린(1914~1999) 국어학자이자 교육자. 조선어 학회에서 정리 위원으로 일했어요. 당시 막내의 나이로, 국어학자 이극로, 이윤재 등과 함께 사전을 만드는 데 참여했어요. 조선어 학회 사건의 마지막 생존자로 생생한 구술 자료를 남겼어요. 1984년에 은퇴하기 전까지 중학교에서 학생들을 가르쳤어요.

이용기(1870~1933) 민속학자. 계명 구락부에서 사전을 만드는 데 참여했고, 조선어 학회의 사전 편찬회에서 편찬원으로 일했어요. 민족성을 잘 보여 주는 가요에도 관심이 많아, 당시 구전되던 조선 가요 1,400여 편을 집대성해 약 10년 만에 《악부》를 완성했어요.

이윤재(1888~1943) 국어학자이자 독립운동가. 평안북도 영변 숭덕학교에서 학생들을 가르칠 때, 삼일 운동에 참가하면서 평양 감옥에서 3년 형을 선고받기도 했어요. 계명 구락부에서 조선어 사전 편찬 위원을 지냈고, 조선어 연구회에서도 집행 위원으로서 국어 통일 운동을 전개했어요. 조선어 학회 사건으로 수감되면서, 안타깝게도 해방 전에 고문으로 약해진 몸이 버텨 내지 못하고 옥사했어요. 1947년에 유고로 《표준한글사전》이 출간되었어요.

이은상(1903~1982) 시조 시인이자 사학자. 호는 노산이며, 1930년대에 동아일보사 기자, 조선일보사 출판국 주간 등으로 일했어요. 계명 구락부에서 사전 편찬 위원으로도 활동했어요.

조선어 학회 사건으로 구금되었다가 이듬해 기소 유예로 석방됐어요. 《노산문선》, 《조선사화집》, 《무상》 등 100여 권에 달하는 책을 남겼어요.

이희승(1896~1989) 국어국문학자. 조선어 학회에서 간사를 맡아, 〈한글 맞춤법 통일안〉과 표준어 사정이 완성되는 걸 도왔어요. 이화여자전문학교에서 학생들에게 국어학과 국문학을 가르치다가, 조선어 학회 사건에 연루되어 해방 전까지 3년 동안 옥살이를 했어요. 이후 국어학과 국문학 분야에 큰 발자취를 남겼고, 대학교수로서 후진 국어학자를 양성하는 데도 힘썼어요.

임규(1867~1948) 독립운동가. 삼일 운동을 이끈 48명 중 한 사람이에요. 민족 대표 33인이 서명한 통고문 3통과 선언서를 최남선에게 전달받아, 도쿄에 있는 일본 수상과 의회에 전달하는 역할을 맡았어요. 돌아오는 길에 일제에 검거되어 1년 7개월 동안 옥살이하다가 석방되기도 했어요. 최남선이 주도한 계명구락부에서 만들던 조선어 사전 작업에도 참여했어요.

정인보(1893~1950) 한학자이자 역사가, 교육자. 계명 구락부에서 최남선, 이윤재와 함께 조선어 사전을 만드는 데 참여했고, 그중 한자로 된 용어를 담당했어요. 1910년대에 중국 상하이에서 신채호, 박은식 등과 함께 독립운동을 펼쳤어요. 부인의 사망으로 국내에 들어왔다가 독립운동 혐의로 일제에 검거돼 옥살이를 했어요. 이후 연희전문학교 등에서 학생들에게 한학과 역사학을 가르쳤어요. 《조선사연구》, 《양명학연론》 등을 썼어요.

정인승(1897~1986) 국어학자. 조선어 학회에서 사전을 만드는 작업에 참여하다가 조선어 학회 사건에 연루되어 2년 형을 선고받았어요. 해방 후에도 사전 원고를 찾아 작업을 이어 갔으며, 1957년에 《큰사전》으로 출간될 때까지 큰 역할을 했어요. 《표준중등말본》, 《표준고등말본》 등 국어학을 다룬 책을 여럿 남겼어요.

정태진(1903~1952) 국어학자이자 독립운동가. 1930년대에 영생고등여학교에서 학생들을 가르쳤으며, 1941년부터 조선어 학회에서 사전을 만드는 작업에 참여했어요. 조선어 학회 사건으로 함흥 감옥에서 2년 형을 받았으나, 다행히 해방되면서 풀려 났어요. 이후 되찾은 원고를 사전으로 출간하는 작업에 몰두하는 한편, 연희대학, 중앙대학 등에서 학생들에게 국어학을 가르쳤어요. 1952년 11월, 《큰사전》을 만드는 작업을 이어 가다가 교통사고로 사망했어요.

주시경(1876~1914) 국어학자이자 교육자. 1896년 서재필의 추천으로 순한글로 발행하는 〈독립신문〉에서 회계 사무원이자 교보원으로 일했어요. 이후 한글 표기를 통일하는 작업을 위해 국문 동식회(철자법 연구 모임)를 만들었어요. 국어 교육에도 열정이 커서 오성학교, 휘문의숙 등 여러 학교를 오가며 학생들을 가르쳤지요. 1910년에 광문회를 조직해 '말모이 사전'을 완성하고자 했지만, 39세의 젊은 나이로 급작스럽게 세상을 떠났어요. 한글의 문법을 체계화한 국어학자로, 《국어문법》, 《말의 소리》 등 영향력 있는 저서를 여럿 남겼어요.

최현배(1894~1970) 국어학자이자 교육자. 1926년, 연희전문학교에서 학생들을 가르치다가 흥업 구락부 사건으로 파면됐어요. 이후 1941년 연희전문학교 도서관 직원으로 복직해 일하는 한편, 조선어 학회에서 사전을 만드는 작업에 참여했어요. 조선어 학회 사건에 연루되면서 4년 동안 옥살이를 했어요. 해방 후에는 문교부 편수국장을 맡아 국정 교과서를 만드는 일에 참여했지요. 1949년부터 조선어 학회에서 이름이 바뀐 한글 학회의 이사장을 맡아 20년 동안 단체를 이끌고《우리말본》,《한글갈》,《나라 건지는 교육》등 저서를 여럿 남겼어요.

한징(1886~1944) 국어학자이자 독립운동가. 일제가 조선어를 못 쓰게 통제하는 상황에 반발하며, 사전을 만드는 조선어 학회에 참여했어요. 이윤재, 이극로 등과 함께 조선어 학회에서 편찬 위원으로 일했으며, 표준말 사정 위원으로도 일했어요. 조선어 학회 사건으로 연루되어 옥살이하던 중에 일제가 가한 고문으로 약해진 몸이 견디지 못하고, 1944년 2월 옥사하고 말았어요.

참고한 자료

단행본

강준만,《한국 현대사 산책 1940년대편 1: 8·15해방에서 6·25 전야까지》, 인물과 사상사, 2006.

국립중앙박물관 편집부,《한글학자들의 겨레사랑: 조선어학회 사건 그리고 조선말 큰사전》, 국립중앙박물관, 2008.

김기협,《해방일기 10: 해방을 끝장낸 분단 건국》, 너머북스, 2015.

사이먼 윈체스터, 이종인 옮김,《영어의 탄생: 옥스퍼드 영어사전 만들기 70년의 역사》, 책과함께, 2005.

서중석·김덕련,《서중석의 현대사 이야기》(전 20권), 오월의봄, 2015.

엘리자베스 키스·엘스펫 K. 로버트슨 스콧, 송영달 옮김,《영국화가 엘리자베스 키스의 코리아 1920~1940》, 책과함께, 2006.

조남신,《사전학》, 한국문화사, 2015.

최경봉,《우리말의 탄생: 최초의 국어사전 만들기 50년의 역사》, 책과함께, 2005.

최덕교 편저,《한국잡지백년 3》, 현암사, 2004.

논문 및 학술 잡지

고영근,〈이극로의 사회사상과 어문운동〉,《한국인물사연구》제5호, 2006.

김병문,〈주시경의 '씨난'과 『말모이』의 관계〉,《한국사전학》제21권, 한국사전학회, 2013.

노영택,〈日帝時期의 文盲率 推移〉,《國史館論叢》제51집, 1994.

박용규,〈1930년대 한글운동에서의 이극로의 역할〉,《사학연구》92호, 한국사학회, 2008.

____,〈조선어학회 사건의 마지막 생존자 또나 이석린 선생〉,《초등우리교육》제44호, 1993.

이강로, 〈외솔 선생과 한글학회〉,《나라사랑》제89집, 외솔회, 1994.

이병근, 〈朝鮮廣文會 編《말모이》(辭典)〉,《韓國文化》제7집, 서울대학교 규장각한국학연구원, 1986.

이석린, 〈한결 선생과 조선어학회 사건〉,《나라사랑》제91집, 외솔회, 1995.

＿＿＿, 〈조선어학회사건과 최현배 박사〉,《나라사랑》제1집, 외솔회, 1971.

이준식, 〈최현배와 김두봉〉,《역사비평》제82호, 2008.

전택부, 〈일제 탄압과 한글의 투쟁: 조선어 학회 사건〉,《새가정》7·8월호(통권 338호), 1984.

최경봉, 〈원고로 남은 최초의 우리말 사전,《말모이》〉,《새국어생활》제24권 제3호, 국립국어원, 2014.

최용기, 〈일제 강점기의 국어 정책〉,《한국어문학연구》제46집, 한국어문학연구학회, 2006.

한국어문교육연구회 편집부, 〈朝鮮語學會事件 豫審判決文〉,《어문연구》제11권 4·5호(통권 39·40호), 1983.

온라인 자료

디지털한글박물관 구술 아카이브 http://archives.hangeul.go.kr/archive/oral
: 이석린 구술 기록(구술자: 이석린, 면담자: 조재수, 2018년 기준)

e뮤지엄 http://www.emuseum.go.kr

한국민족문화대백과사전 http://encykorea.aks.ac.kr

사진 출처

국립민속박물관	13쪽, 81쪽
국립중앙도서관	61쪽(아래), 69쪽
국립중앙박물관	16쪽, 131쪽(아래)
국립한글박물관	21쪽, 31쪽, 35쪽(위, 아래) 45쪽, 55쪽, 61쪽(위), 67쪽(아래), 108쪽(위, 아래), 124쪽, 131쪽(위), 136쪽(위, 아래)
동아일보	51쪽, 67쪽(위)
서울역사박물관	89쪽, 103쪽
한글학회	75쪽, 116쪽, 122쪽

世·솅宗종御·엉製·졩訓·훈民민正·졍音흠

御·엉製·졩는 님금 지·스시·리·라 訓·훈民민正·졍音음·은 百·빅姓·셩 그 르·치시·논 正·졍 소리·라

國·귁之징語:엉音흠·이

나·랏:말〯〯〯·미

異·잉乎흥中듕國·귁·ㅎ·야

·나·랏 말〯〯·미 中듕國·귁·에 달·아

中國귁에달아
與文字쫑로不붏相샹流통
通通홀
씨·와·여文문字쫑와·로서르ᄉᆞᄆᆞᆺ디아니ᄒᆞᆯᄊᆡ
故·공·로愚웅民민·이有·ᅌᅮᆼ所·송欲·욕言